NIÑOS
SIN PARAÍSO

Laura Gómez Rojas

NIÑOS SIN PARAÍSO

icono

icono •

©2021, Laura Gómez Rojas
©2021, Icono Editorial SAS
Carrera 28 A # 73-29
Teléfono: (57-1) 457 4089
Bogotá, D.C., Colombia
www.iconoeditorial.com

Dirección
Gustavo Mauricio García Arenas
gmgarciaarenas@gmail.com

Edición
Iván Beltrán Castillo

Corrección
Ludwing Cepeda Aparicio

Diagramación
Nohora Morales Alonso

Diseño de cubierta
GMGA

ISBN 978-958-5472-49-5

Impreso en Colombia
Printed in Colombia

Contenido

Prólogo

En la literatura, el periodismo, el cine, el reportaje, el documento y, sobre todo, en nuestro quehacer cotidiano, los niños ocupan un lugar de privilegio. Nos asombran, nos cambian, nos preocupan, nos muestran caminos inéditos... son capaces de recuperar para nosotros esa luz que se ha ido menguando con el tiempo. Son ellos quienes guardan en sus corazones la pócima mágica de devolvernos el derecho al asombro y la imaginación. Por eso, más un cúmulo de pequeños detalles que nos hilan uno a uno los retazos que forman nuestras vidas, no tenemos forma de agradecer la acción bienhechora de sus actos inaugurales en nuestras quebradizas conciencias. Sí, ellos y solo ellos iluminan la gran escena de los adultos.

Pero dicho mundo ya no es un escenario amigable y, contrario a servirnos de morada, ha tomado —lenta y trágicamente— el aspecto de un extenso campo de trabajos forzados, donde los hombres parecen expiar una culpa innombrable. Las naciones todas ultrajan a sus hijos, en el nombre de dogmas, banderas, ideologías y sociedades de la codicia. No estamos seguros, y los más golpeados por la acción de tanta fuerza sobrecogedora y calamitosa son, tristemente, los niños, representantes del porvenir y, por lo mismo, de la evasiva esperanza.

Con frecuencia, los libros que más amamos tienen a pequeños como protagonistas y, gracias a la ficción, el pensamiento filosófico, la psiquiatría o el periodismo, vemos desde un lugar de privilegio cuánta dificultad representa para ellos integrarse a un mundo violento, procaz e insustancial, donde reconocemos los rastros de una prolongada e inenarrable agonía. «El acto doloroso de crecer me repugnaba, y quería oponerme a su horrible tiranía», reflexiona, palabras más, palabras menos, el Óscar de *El tambor de hojalata*, quien, con un ojo preciso, desnuda el rumbo aciago que tomará la Alemania prehitleriana. En todos los episodios cruentos de la historia, los niños han sido los convidados de piedra, las víctimas silenciosas. Porque nada hay más penetrante que la mirada de los niños y su comprensión de cuanto les tocó en suerte.

Menores de edad excluidos del paraíso primario de su casa son los habitantes de este libro escrito para escudriñar, una vez más, la patética desgarradura de la reciente historia colombiana. La autora, Laura Gómez Rojas, en un ejercicio pleno de gracia y donaire narrativo, viaja a través de la literatura y el reportaje, la crónica verista y el relato de sucesos ocurridos hace ya tiempo que, merced a ser contados una y otra vez, adquieren una coloratura de leyenda o de mito. No se trata aquí de otro de los copiosos recuentos de injusticias y vejámenes, a veces en el borde de la «aberrante miseria», sino de un delicado periplo al fondo de unos corazones tempranamente asolados.

Desfilan, como en escandalosa procesión, «niños sin paraíso». Es decir, los que por la abrupta intrusión de los acontecimientos se ven obligados a madurar a la fuerza, desplazados del universo sensible que les correspondía; desfilan perdidos estos chicos y adolescentes, contando sus avatares, cual una colección de «instantes expresivos» —sin recurrir a relatos demasiado evidentes y pavorosos—, por un mundo heredado que no es para nada habitable.

Y, sin embargo, nos convidan a revisar una humanidad malograda en la absurda cotidianidad, con una violencia transformada en paisaje y de la que los niños que pasean por estas páginas lograron huir, escapar y respirar... más allá de lo que su patria les ofreció.

Guerrilleros y paramilitares, usurpadores y tiranos folclóricos, bandoleros y granujas, miembros de número de la oscuridad y criaturas arrastradas fatalmente a tomar parte en las cruzadas de la realidad. Ante todo, niños con su niñez retenida y una adultez llevada a trancas que finalmente lograron sobrevivir pese a la adversidad de sus circunstancias.

—SOBEIDA ROJAS ROJAS

Los desvelos de Manuel

A LOS POCOS DÍAS de traerme al mundo, mi madre hizo su equipaje y huyó de mí, dejándome a merced de la selva, de la desprotección y del frío. Nunca supe por qué y, cuando me pongo a imaginar las razones, termino hundido en un pozo de melancolía, así que prefiero olvidarlo tal y como si no hubiese ocurrido.

Ahora me gobierna una suave aceptación lavada de patetismo, porque, con el paso del tiempo, uno termina por acostumbrarse a todo, incluso a las situaciones más abrumadoras o de apariencia intolerable. Muchos han sido los pensamientos y las fantasías que a lo largo de mi vida tejí alrededor de todo aquello, porque, la verdad, no me acuerdo de nada y haber sobrevivido se me antoja ya un milagro.

Todo ocurrió en La Palma, una curiosa y bonita población incrustada en la meseta cundiboyacense, a pocas horas de Bogotá, lo que la convirtió desde principios del siglo pasado en un hervidero de turistas y advenedizos. Los veraneantes, la mayoría hostigados por la caótica urbe cercana, encuentran hoteles propicios y agradables, y un clima benévolo que se comporta como le conviene más al paseante: es tibio en la mañana, cálido al mediodía y, en la noche, antes de irse a la cama, lleno de frescor y envuelto en una suave brisa.

Mi historia se aproxima más a la de un niño que creció y se formó en las calles. Mis primeros recuerdos son deambulando, aquí y allá, libre y patético, aprendiendo y practicando todos los trucos posibles para sobrevivir sin casa ni recursos, que incluyó el hurto y las costumbres de arrabal. Por ello, no pocas veces recibí palos y reprimendas, así como la desesperación y el hastío de la gente.

En este relato, me llamo Manuel, simplemente Manuel. Cuando frisaba los doce años, me acostumbré a merodear por donde quedaban los bares y los billares, un pequeño nudo de calles muy concurridas y propicias para pescar algunas monedas. Los hombres se paseaban como pavos reales, festejando con jolgorio, aún más, en sus días de pago. Con frecuencia, llevaban —aún hoy— su dinero para darse una juerga y emborracharse, y después de apurar unos buenos tragos se tornaban dadivosos y hasta simpáticos, de manera que la vista de un muchachito abandonado a su suerte suele ablandarles el corazón. Los turistas, que llevan sus billeteras infladas, son aún más amplios.

En esas lides andaba una tarde, cuando vi que se me aproximaba una mujer, muy bonita y de aspecto bondadoso. Desde que se detuvo y me observó con una triste curiosidad, noté en ella algo que no conocía, que me era extraño, porque nadie me lo había transmitido. Se me acercó para preguntarme cómo me llamaba. Le dije mi nombre y ella se identificó como Lucy. Era, repito, muy bella y sus palabras estaban llenas de preocupación. Después, muchas veces, me referiría cuánto le impresionó esa escena. A mí me habían golpeado, despreciado, estigmatizado y humillado tanto que semejante contemplación me anonadó y hasta me atemorizó un poco.

Pues bien, incrédulo pero receloso, me vi de pronto partiendo de aquel sombrío escenario hacia donde me jalonaba mi redentora. Era muy lejos, en una casa que se me antojó gigantesca, con muchas puertas y ventanas, y unos jarrones de flores radiantes que la pintaban de luz y color.

Ni en sueños habría pensado entrar en ella, pero eso fue precisamente lo que sucedió. Pronto, estaba yo conociendo el agua y el jabón, y estrenando pantalones, zapatos y camisa. No lo sabía en aquel instante, pero una puerta se estaba cerrando (la de mis primeros y duros andares) y otra se abría, formidable y redentora. Había entrado a formar parte de una familia.

Me quedé a vivir en esa casa, con Lucy y su numerosa familia, de la que quise en especial a Fernán, un muchacho vivaz y de muy buen corazón, que se hizo rápidamente mi amigo y que no tuvo problema en prestarme sus juguetes y sus entretenciones, que eran muchos, y que me enseñó los encantos de la niñez perdida. Saltábamos la golosa y el lazo, imaginábamos formidables aventuras de piratas y del *Far West*, como las que veíamos en la televisión y el cine; jugábamos a las cartas, al dominó y a las damas chinas, e íbamos, excitados y alharaquientos, a bañarnos en el río. Un cuadro de costumbres, una radiante temporada.

También nos gustaban los oficios del campo. Lucy tenía, desde tiempo atrás, una finca en la que se cultivaba y donde la tierra era pródiga y devolvía los esfuerzos de quienes la trabajaban en magníficos productos, que eran estandarte y orgullo regional. A Fernán y a mí nos parecían estas lides casi mejores que los juegos y las entretenciones.

Desde muy jóvenes, en nuestra agenda había una temporada en la que se pernoctaba en aquel sitio. Lo veíamos casi como unos asuetos y, llegada la hora de marchar hacia la finca, no tardábamos en salir corriendo, como quien va detrás de un sueño vivo.

Las visitas

Así pasaron estos pletóricos días de goce y actividad muscular. A medida que íbamos creciendo, nos hacíamos duchos en mover los azadones, repartir las semillas, consentir la tierra, según la expresión que usan bellamente los campesinos, y, sobre todo, expertos en el arte de la paciencia, pues todo cosechador debe esperar semanas, y hasta meses, para ver cristalizados sus esfuerzos.

Éramos muy sanos, por las mismas erogaciones de fuerza que nuestras labores exigían, y en la noche, ya rendidos ante la tremolina, dormíamos dulcemente entre el sonido de las chicharras y las ranas.

Dicen, no obstante, que todo periodo de dicha está amenazado y que, algún día, una situación, un avatar, un detalle, un rostro, una palabra o la más imperceptible de las alteraciones, vienen a clausurar con llave una etapa de nuestra vida. Entonces se abre de par en par una compuerta.

En ocasiones, tal modificación es exultante y gratifica a quienes la reciben; pero, en otras, que lamentablemente son más, perturba y pulveriza, ataca y mina, como una invasión inesperada y fatal.

En nuestro caso, la modificación tuvo la forma de un ejército, un pequeño ejército de hombres, duros y terrosos, que se nos plantó delante, a eso de las nueve de la noche de un día entre semana, en junio. Era un piquete de guerrilleros que rondaban la zona y que ya tenían completos informes de inteligencia sobre los dueños de las extensiones, sus actividades, sus cuentas bancarias y su propensión a colaborar o delatar.

Nos trataron bien —relativamente bien—, aunque en cada frase del comandante que llevaba la batuta (un moreno aindiado de pelo muy negro y largo, con un rostro que semejaba curiosamente la expresión de una escultura muisca) ardía, en secreto, la amenaza.

En principio, no nos asustamos mucho, porque aquellas prácticas no eran frecuentes en la zona, que alguna vez se caracterizó por ser pacífica y de gentes amigables. Ellos nos repitieron muchas veces: «No tengan miedo, porque nada malo les va a pasar desde que colaboren y no nos vayan a jugar feo... Solo queremos la "contribución", que vamos a fijarles por escrito, para que sepan que tratan con gente organizada y que tiene conocimiento de todo lo que pasa por aquí. Ponemos una cifra y les decimos qué días pasamos, y ustedes nos lo tienen listo todo, y así vamos a entendernos sin necesidad de cosas feas».

Los tipos pidieron algo para beber, pues llevaban muchas horas de ronda y algunos se veían exhaustos. Mientras lo bebían, miraban a su alrededor, cual si le tomaran las medidas a la casa, a la extensión de tierra que se explayaba frente a ellos y hasta al mismísimo horizonte.

Aunque se venden como idealistas, héroes y prohombres, quienes hemos estado en contacto con ellos sabemos de su pragmatismo elemental y hemos podido percatarnos de que les interesa demasiado el dinero, al que, además, visualizan como una forma de poder. Después se marcharon, pero muchas serían las ocasiones en que volveríamos a verlos.

Informada de los hechos, Lucy se alarmó, al punto de sentirse entre la espada y la pared: no sabía si dar parte a las autoridades, específicamente al Ejército, o permanecer callada y aceptar las «vacunas». Sabía que ambas opciones eran vertiginosas y que un paso mal dado nos podía costar la vida. En otras zonas, que ya habían capoteado a la insurgencia, las retaliaciones ante la delación eran sangrientas y a los subversivos no les quedaba grande el ejercicio de la extrema crueldad. Enfadarlos no parecía una buena opción.

Pronto, tras la decisión que tomara Lucy de plegarse, las visitas de aquellos sujetos se hicieron costumbre, se regularizaron hasta el extremo de que, en las sumas y restas financieras, apareció un ítem en el que se leía, de manera lacónica, la palabra «colaboración» y, cuando la empleada que nos preparaba los alimentos estaba avisada, les dejaba jugos y gaseosas, e incluso algunos comestibles. Los guerrilleros menos rudos saludaban de manera amigable y hasta se permitían correr bromas y chanzas con nosotros.

Pero la cosa iba a dar un vuelco, y este sería definitivamente intolerable. Sucedió cuando el Gobierno, avisado de que en la zona actuaban como Pedro por su casa los miembros de una colectividad al margen de la ley, mandó tropas para que le hiciesen frente y la repelieran.

Sería el inicio de una serie de enfrentamientos que, aunque nunca llegaron a ser tan virulentos como en otras regiones de Colombia, sí aportaban un gran predicamento. Aquí y allá, los unos y los otros, vigilaban extensiones, armaban madrigueras, minaban campos, colocaban símbolos de su fuerza y poderío.

Las batallas frente a frente eran escasas, mínima la cantidad de plomo en ellas, pero lo que ni los unos ni los otros lograban a su favor en la refriega objetiva, lo descargaban en culpas contra la población civil, que se encontraba entre dos fuegos, sin saber cómo actuar.

Un tercer actor se sumaría al escenario a los pocos meses de haber llegado el Ejército y calentaría el asunto hasta el límite de lo macabro. Se trataba de los paramilitares, que aparecieron en el horizonte, más bravucones y pugnaces, y arrogándose el discurso de la liberación de Colombia de las garras del comunismo internacional.

Su actuar era más altivo que el de guerrilleros y ejércitos, y, hay que decirlo, fueron muchos los que los recibieron con aplausos, como si se hubiese tratado de ángeles custodios. Años de una paciencia monacal frente a las exigencias y vacunas de los subversivos terminaron por hacerlos enconados defensores de cualquier método que prometiera devolverles la tranquilidad.

Los guerrilleros, que habían ido aumentando las vacunas, y ya no solo se pagaban en dinero (erogado en mensualidades a la manera de un contrato), terminaron por quedarse con cosechas enteras, ganado y animales de granja, víveres y hasta utensilios, joyas y elementos valiosos saqueados en las casas.

Las primeras muertes, o por lo menos las primeras que fueron conocidas y divulgadas, ocurrieron en un caserón a pocos kilómetros del nuestro, al que los paramilitares arribaron una noche, con actitud belicosa, y ya sin ninguna clase de protocolo o cortesía diplomática. Venían cantando canciones guerreras sumamente gráficas y, según lo dijeron después los testigos, traían la cantinela de que los dueños del lugar eran colaboradores de la guerrilla y tenían, por lo tanto, una deuda vergonzante que debían pagar con sangre.

No fueron escuchadas las explicaciones, ni tan siquiera las súplicas, y las tres personas que se encontraban allí esa noche luctuosa fueron atormentadas con preguntas, torturadas y muertas de manera escabrosa, que prefiero no describir aquí.

Con tres fuerzas, incontenibles todas, incongruentes y cada vez más enardecidas, el ambiente de aquellos campos, que una vez significaron para mí el encuentro de la más dulce existencia, se hizo intolerable. Las gentes, que antes eran amigables y fraternas, se tornaron agrestes, prevenidas, tomadas por la histeria y el terror.

Recriminaciones, polémicas sobre quiénes pagaban o no vacunas a los guerrilleros y la entrada en escena de algunos adeptos a la visión paramilitar estuvieron pronto sobre el tapete. Se llegó a una especie de silencio enardecido. Nadie hablaba con nadie. No se sabía quién estaba con los subversivos de izquierda, quién con el Ejército colombiano o quién con las autodefensas.

Lucy tomó entonces la decisión de vender su casa de La Palma y aquella finca productora, al igual que sus otras propiedades ubicadas en los territorios de la guerra, y salió hacia suelos más benévolos. Pero dejó una pequeña finquita, al cuidado de una familia de tres campesinos, que no sabían en realidad nada, y con los que, debido a su nivel de elementalidad e inocencia, parecía imposible que nadie se metiera.

Fernán y yo, a pesar de conocer los peligros, que estaban por todas partes, nos marchamos con gran nostalgia, jurándonos que regresaríamos. En aquel momento de loca juventud, y pese a todo lo que estaba sucediendo, considerábamos exagerada la rotunda decisión de Lucy.

Con los guerrilleros, habíamos llegado a tener una suerte de pacto de no agresión, siempre y cuando se les cancelaran sus mensualidades. Entre los que venían por lo suyo había unos supremamente jóvenes, más o menos de nuestra edad, y, tras meses de recibirlos, se fue cultivando una especie de relación de conocidos. Nos saludábamos sin rencores y hasta compartíamos experiencias sobre temas triviales, como el fútbol, el invierno o el avance de las cosechas. Todo eso, claro, cambió una vez llegaron el Ejército y las autodefensas.

Regreso

Pasaron algunos meses desde entonces. Lucy organizó de nuevo su vida en otro lugar, cuyo nombre prefiero reservarme; quería huir de los espantos del pasado, refugiarse en su gente, lejos de esa absurda guerra que, para su desgracia, se empecinaba en refugiarse en su memoria.

Nueva casa, nuevas rutinas y rigurosos protocolos de seguridad empezaron a regirnos, hasta que regresamos a una cierta normalidad. Pero ya la violencia estaba tomando vuelo como una peste: los periódicos y las noticias de la radio y la televisión daban cuenta de cómo el río de sangre de la nación crecía hasta desbordarse. Recuerdo que Lucy estaba a veces cejifruncida y un tanto hosca a la hora del almuerzo o la comida, y nosotros con Fernán adivinábamos de qué se trataba sin necesidad de preguntar qué pensamientos y qué temores nutrían su actitud.

En el lugar al que fuimos, la vida era sumamente mansa y nosotros cumplíamos las rutinas de todos los muchachos —estudio, recreación, colaboración en el hogar— con disciplina santa y de muy buena gana. Sin embargo, la pasión de la siembra nos habitaba y fantaseábamos con volver a alguna finca y retomar nuestro arraigo campesino. De modo que, cuando la marea bajó y los días se tornaron mansos, le rogamos a Lucy que nos permitiera retornar.

En principio, ella se negó y hasta dejó ver su enfado ante la idea, pero poco a poco fue cambiando de actitud.

Su familia tenía mucho que perder, porque era dueña de vastas hectáreas, algunas abandonadas, como la de La Palma, y esto afectaba la economía.

Volvimos finalmente, aunque esta vez a otra finca que se encontraba ubicada en un clima benévolo y germinal. Toda una fiesta y una celebración que agradecimos al llegar, tomándonos unas cervezas, las primeras que recuerde haber bebido en mi vida, y que nos sentaron pésimo porque aún éramos apenas unos muchachos. Pero algo había de nuevo en nosotros: estábamos dejando atrás los niños que alguna vez fuimos, para dar paso a los hombres en los que nos estábamos convirtiendo.

Referir el tiempo que pasamos entre la casa del pueblo y la finca es dar testimonio de una preciosa hermandad atizada por la causa común de la tierra, a la que amábamos como si hubiese sido una novia eterna, una dulce compañera, una amante incondicional. Pasaron años en los que la rutina era gentil, tocada por la paz, hasta el punto de que llegamos a olvidar el dichoso conflicto y sus actores, haciéndole caso omiso a la reiterada cantinela de las noticias.

Pero la escena que vivimos la primera vez, cuando frente a nosotros vimos corporizarse una columna guerrillera, se repitió la tarde de un domingo, con un pasmoso parecido, al punto de que no tuvimos que decirnos nada cuando aquellos sujetos se plantaron frente a nuestras narices.

Eran, otra vez, guerrilleros que venían a lo mismo que en aquella ocasión: a vacunarnos por las buenas, a riesgo de que perdiesen la cortesía. Nosotros, ya iniciados en aquellas faenas, les dijimos que llevaríamos el mensaje a Lucy. Para nuestro asombro, los hombres dijeron conocerla muy bien y sabían todos sus datos, incluso, lograron describirla físicamente.

Se empezaron a pagar las rutinarias vacunas y, de nuevo, aquello se volvió algo doméstico, tolerable, casi normal. En Colombia, para nuestro pesar, se vive un constante estado de excepción del que la guerra es la gran nodriza y son ya décadas de su lamentable duración.

Una noche como pocas

Aquel había sido un día luminoso, con un clima templado de los que parecen penetrar en los hombres, abrazarlos y contagiarlos de su vigor y animosidad. Nos levantamos con el alba y tomamos un desayuno cargado, de los que se acostumbran en el campo: huevos revueltos, arepas hechas a mano, jugo de naranja, calentado y mucho café. Mientras comíamos —lo recuerdo aún—, hablábamos de lo bien que iba la siembra y de las expectativas económicas que se abrían paso gracias a los buenos pronósticos. Después, salimos a trabajar, cantando algunos tangos y boleros que nos fascinaban y que se nos convirtieron en himnos de amistad. Eran piezas que hablaban de muchachas hermosas prosternadas ante la pasión, de duros despechos, de las noches en vela de los enamorados, llorando por abandonos y traiciones...

El día discurrió apacible y nos entregamos a fondo en la brega. Almorzamos, otra vez fuertemente, nos dimos una siesta y un nuevo baño, y regresamos al trabajo, no menos febriles que en la mañana. Nos consagramos toda la tarde y solo cuando el clima cambió y el sol empezó a declinar, lo abandonamos. Hasta el día siguiente, dijimos, sin saber que no habría día siguiente y que la normalidad quedaría abruptamente erosionada.

Yo regresé al pueblo, que estaba a hora y veinte minutos de camino, por una carretera serpenteante y polvorienta. Fernán quiso quedarse y pasar la noche allí, arrullado por los sonidos elementales y bellos que le entregaban el sosiego y le donaban ideas, semillas de proyectos, croquis mentales para avanzar hacia el futuro.

Lo imagino —lo he imaginado todo este tiempo— observando por la ventana, bañado por la luz de la luna, ensoñando eclipsado por el titilar de las estrellas. Lo veo también ya estirado en su cama, el rostro satisfecho, feliz de entrar en el mundo de los sueños... ¡Qué lejos estaban mis suposiciones de la realidad! Esta sería una noche atroz, como tantas que en aquella temporada ocurrían a lo largo y lo ancho de Colombia y que salpicaban de manera morbosa las estadísticas.

Pero esas imaginerías estaban lejos de ser verdad. Cuando regresé al otro día, lo primero que me llamó la atención fue encontrar el televisor, que se encontraba en la sala, prendido. Supuse que Fernán estaría en el baño, preparándose para nuestra nueva jornada. Sin embargo, después de un tiempo, al no sentir el sonido del agua ni el mínimo movimiento, entré a buscarlo y pude percatarme de que no había nadie. ¿Su animosidad lo había despertado más temprano y estaría ya en el sembrado? Salí a buscarlo. Lo busqué, primero con paciencia y serenidad y, luego, con angustia y desdén. Pero no lo encontré en ninguna parte.

A eso de las diez de la mañana, hora que me sorprendió yendo y viniendo, tuve que decirme la verdad: algo anormal, seguramente grave, había ocurrido en las horas de la noche. Me visualicé camino al pueblo, con el corazón galopante, buscando las palabras exactas con las que, procurando no herirla, relataría a Lucy la situación. Después, claro, el revuelo de los familiares, el parte a las autoridades pertinentes, las diligencias protocolarias; y la angustia, la tristeza y el temor sin nombre avanzando en cada uno de los miembros de la familia.

Para mí, aquel día fue la apertura de un infierno, que todavía no termina. Los investigadores, que barrieron con sus pasos la zona, solo encontraron en los vecinos y posibles testigos un total mutismo. Nadie había visto nada, ni escuchado ruidos o voces por ningún lado. Al principio, eso nos pareció normal y supusimos que era posible, pero más tarde las declaraciones de los entrevistados empezaron a perder coherencia, surgieron inconsistencias en sus declaraciones, tanto que la colectividad entera nos resultó sospechosa.

Yo me dediqué, por mi cuenta y riesgo, a buscar a Fernán: primero en los hospitales, en las estaciones de policía, en los cuarteles militares, en los anfiteatros y en el perímetro de la finca. Después, por toda la región, todo el departamento y, aunque parezca increíble, por toda la nación. Habíamos escuchado relatos de desaparecidos cuyos cuerpos eran encontrados a miles de kilómetros del lugar donde se habían evaporado.

Llorando, tomado por la ira, la aprensión y el miedo, me convertí en un perseguidor, en alguien que busca un fantasma. Mi conciencia se vio mil veces azotada y mil veces caída en el curso del peregrinaje. Esa temporada, mi visión del mundo cambió, deshizo la esperanza y borró para siempre mi sonrisa.

En las noches, atenazado por las figuraciones más espeluznantes, no podía dormir y el insomnio se me antojaba la peor de las especies y de los géneros de la pesadilla.

Y, más trágico aún, regresaron a mí las dolencias, las heridas y las laceraciones que habían sido mis constantes compañeras durante mis primeros años de niño, abandonado y vagabundo.

Esta absurda y espeluznante espera terminó un día cuando un hombre abandonó el mutismo y, al verme inmerso en mi penosa indagación, se me acercó y me habló desde su humanidad. Me dijo que él había visto lo ocurrido: un piquete paramilitar llegó con sus pasos duros, a eso de las dos o tres de la mañana, y que no venía precisamente con el ánimo de instaurar una vacuna. Lista en mano, venían recorriendo poblaciones para cobrarles a las gentes que colaboraban con la guerrilla.

Fernán y yo estábamos en la lista y la orden perentoria era que fuésemos ejecutados como «colaboradores de la insurgencia comunista».

Lo mataron con una frialdad impresionante.

El hombre había seguido el piquete de soldados y vio el lugar en el que Fernán fue enterrado. Un descampado a pocas horas de donde fuimos campesinos felices. Nos llevó hasta el punto y, en efecto, dentro de una tumba sin nombre ni ofrendas reposaban los restos de mi querido amigo.

Después, hemos recordado hasta el cansancio las múltiples vueltas, idas, venidas y avatares que tuvo la búsqueda, cayendo en cuenta de la ironía inmensa que significó haberlo buscado en varios puntos, siempre infructuosamente, cuando su cuerpo se encontraba, desde un principio, tan cerca de nosotros. Estaba debajo de nuestros pies, en la mismísima finca en donde fue liquidado.

Entonces, y solo entonces, cuando lo encontré, me convertí en el hombre que soy ahora, abandoné al niño miedoso y empezó la marcha hacia su resurrección.

LOS CAPRICHOS DEL COMANDANTE

LLEGUÉ A LA REGIÓN del comandante Farfán en 2004, finalizando prematuramente mi carrera de médica y con el firme propósito de sobreponerme a las dificultades y al miedo que me producía haber sido asignada a una zona roja en la que la violencia andaba a sus anchas y donde, más que doctores convencionales, lo que urgía eran criminalistas y forenses. Allí, la muerte se había hecho tan común que los niños hablaban de ella como si se tratara de un juego, y corría la idea de que el mejor negocio eran las pompas fúnebres.

Tenía tan solo diecinueve años y había sido toda una *enfant terrible* en mi prestante y reputada universidad bogotana, donde me alcé con la protección de los más brillantes maestros, varios de los cuales, incluso, me tenían entre sus elegidas para un futuro no muy distante y requerían mi presencia como asistente en algunas de sus intervenciones.

Me llamaré aquí Catalina U, y diré que soy parte de esa estirpe capitalina que alguna vez fue pudiente, pero que, con los embates y accidentes de la historia, descendió hasta ocupar un sitio más bien modesto y penumbroso en la implacable escala. Pero, intelectualmente, mi casa siempre fue un semillero. Mi padre era un ingeniero forestal, de los primeros que hubo en Latinoamérica, y también tenía sus veleidades intelectuales, literarias y filosóficas.

Acostumbrada, pues, a unos círculos muy «civilizados», la posibilidad de migrar a una región indómita y difícil me golpeó muy duro. Y fue precisamente uno de esos ámbitos el que escogieron los maestros para que hiciera el año rural, fundamental para la coronación de mi carrera. Está ubicado en el Vaupés y por sus costados fluyen las aguas turbulentas del río Atrato. Su sola mención despierta lancinantes pensamientos, pues se le asocia con la guerra de guerrillas y cualquiera sabe su prontuario de absurdos, sabe que hasta allí no llega la mano del Estado y sabe que su desidia permitió que fuese reemplazado en sus tareas y obligaciones.

Un viernes brillante y caluroso, arribé a mi nuevo domicilio, apretando las maletas de forma exagerada y nerviosa, y mirando alrededor con la precaución que le ponen los conductores de coche al paso de un despeñadero. Tengo presentes las caras y las palabras de quienes me recibieron, su amabilidad, pero también sus advertencias y el decálogo de reglas de excepción que fueron comunicándome a medida que nos conocíamos.

Pronto, estuve instalada, presta para dar inicio a mis actividades. Aunque habitada secretamente por el terror, la opción de poner en práctica mis conocimientos me jalonaba y aportaba alegría a lo que, de otro modo, hubiese sido intolerable. Nunca fui una muchacha demasiado vanidosa ni consagrada a los banales ritos estéticos, pero, de algún modo, me preocupé al percatarme de que no había allí más de dos salones de belleza, ambos de aspecto precario.

El día de mi llegada, estaba gran parte de la milicia subversiva sentada a las mesas de los tenderetes y en los bares de la población. Eran hombres, en su gran mayoría, pero también había mujeres y algunas eran muy jóvenes, casi adolescentes, casi niñas, a las que el azar había puesto en medio de este absurdo conflicto.

«La guerra es un asunto que arman los viejos y padecen los chicos», recuerdo que pensé. Aquello era como las escenas de esos filmes en los que la soldadesca de un gran conflicto se divierte en sus horas de licencia, tratando de olvidar —apurando cerveza y alcohol— su cercanía con el peligro y la contingencia impredecible.

Mi comandante Farfán

La primera vez que lo vi, a los pocos días de mi llegada, me pareció de inmediato un patán, un sujeto groseramente desabrochado, con las actitudes arrogantes de los mediocres e ineptos venidos a más, que no pueden dejar de vanagloriarse del privilegio que, absurdamente, les confirió la providencia.

Su aparición, me refirieron luego, ocurría solo de vez en cuando y causaba un revuelo similar al que produce la entrada en escena de obispos, ministros, mandatarios o generales. Se hacía, a su paso, un silencio reverencial y todas las pupilas lo seguían con milimétrica atención.

Era alto y obeso, con el ortodoxo atavío verde oliva que se estila en los militantes de los grupos insurgentes, y tenía una boina negra, medio ladeada, que lo hacía parecer un poco ebrio. Su piel era brillante y sudorosa, como si se acabara de empapar en aceite, y siempre parecía hostigado por los embates del calor. Lo acompañaba —así sucedía, sin excepción— un piquete de escoltas. Había llegado a escalar en aquella organización al margen de la ley, pese a que, incluso entre sus pares, hacía carrera su afección por la virulencia, las vías de hecho, los métodos crueles y la negación absoluta de cualquier consideración humanística.

Aquella vez, llegó directo al hospital para realizarse un examen. Sufría malestares constantes que los internos ya le conocían y trataban con medicamentos a la mano. Es sabido que los médicos sufrimos, en aquellos lugares inhóspitos y remotos, por la carencia de suministros, y que debemos echar mano de nuestro ingenio, y también del favor de Dios, para sacar adelante a los pacientes.

El comandante Farfán estuvo en consulta con Jairo, un joven vallecaucano que también hacía su rural y al que le tenía confianza porque lo sacó de la borrasca de una resaca, resultado de una de las fiestecitas que acostumbraba hacer con regularidad en el cuartel general, un campamento anclado en medio de la selva, y en las que se bailaba y se bebía hasta altas horas de la madrugada.

El comandante salía, luego de la consulta, con su parsimonia jactanciosa, cuando se encontró conmigo cara a cara. Todavía me espanta la forma poco disimulada con que se detuvo y la sonrisa desagradable que lo iluminó. Era, me confiaron después, de una impresionante dadivosidad con las mujeres, que bordeaba lo grotesco y se leía fácilmente como acoso, y había convertido a muchas en usufructuarias desdichadas de su estilo; entre ellas, algunas de las jóvenes doctoras.

—¿Y la reina es nueva por estos lares? —me inquirió, recorriéndome de arriba abajo cual un agrimensor mide un terreno.

—Sí, señor —le respondí, lacónica. Aunque me había fastidiado desde su aparición, estaba informada sobre quién era y sabía que tratarlo mal no era una buena idea.

—¡Ah!, ¿y cómo se llama sumercé? —dijo el comandante, aproximándose casi hasta rozarme, y derrochando esa picaresca idiota que es santo y seña de los tipos rústicos, elementales y sin bagaje cultural—. Y hablando de medicina, así me la recomendó el médico.

La broma insulsa colmó mi paciencia, y con un «disculpe, comandante, voy de afán», me di a la retirada. Pero no pude ocultar el escozor que me produjo el contacto con el encumbrado insurgente. Todavía ahora, cuando ha pasado el tiempo, estoy segura de que quienes lo rodeaban lo hacían por temor, por estar ciegamente inscritos en el antiguo dogma izquierdista, o bien porque, en un mundillo cerrado, áspero y pragmático, era lo que les convenía.

Muy a mi pesar, volví a ver muchas veces al nada agraciado comandante Farfán, y su presencia, contrario a lo que me pronosticaron, se hizo repetitiva, constante, abarcadora, hasta el punto de que, para mi sorpresa, un día me encontré habituada. Algunos afirmaban que desde que me vio cambió su agenda en el pueblo y en el hospital. Aparecía con cualquier disculpa y siempre largando la broma colorada, la frase con doble sentido y el descarado flirteo. Yo, de todas maneras, había llegado para quedarme, hacer mi trabajo y vencer el miedo, de modo que me propuse manejar la situación con sigilo y astucia. Para mi sorpresa, con el paso de las semanas, aprendí a tolerar al temible emisario de nuestra violencia.

Un día, cuando estaba en consulta, apareció la que habría de convertirse en mi gran amiga de aquella temporada. Se llamaba Violeta y era una niña de apenas ocho años. La traían sus padres, Margarita y Octavio, víctima de una fiebre persistente.

La relación de los doctores con sus pacientes es, curiosamente, similar a la que se da en otros tipos de filiación, como la amistad o la cercanía entre colegas y compañeros de trabajo. A veces, hay simpatía, aproximación, similitud; en otras ocasiones, distancia, frialdad y, en casos extremos, rechazo vertical. Con la pequeña Violeta fue cariño, un afecto que nació desde que sus padres la trajeron a urgencias con un cuadro clínico de pronóstico reservado.

Mientras la auscultaba, empezamos un diálogo inolvidable, del que inferí que era una niña vivaz, inteligente y luminosa. Me contó que adoraba su escuela y que de las clases que le impartían la que más le gustaba era la de geografía, porque la dejaba ensoñarse con países remotos, vastos desiertos, grandes cordilleras, volcanes y playas. Amaba ir al río, solitaria o en compañía de amiguitas, sentarse a la orilla, contemplar el agua, pescar o hacer algún deporte en su ribera.

Violeta tenía un cuerpo menudo, los ojos oscuros de un intenso bellísimo, la voz delgadita pero no chillona, y el cabello graciosamente ensortijado. En aquella primera entrevista, me habló de que la ilusionaba ser doctora, como yo, y que pasaba largos momentos con sus vacas y corderos, porque a su lado se sentía pacificada. En ningún instante se quejó, pese a que hubo que inyectarla dos veces y dejarla un día y medio con nosotros. Cuando la dimos de alta, sabiéndose ya mi cómplice, fue hasta el parque, cortó una flor cualquiera y me la trajo como ofrenda. Yo estaba encantada.

Desde entonces, nos veíamos dos o tres veces a la semana. Mi situación en aquella lejanía era aceptable, pues iba ganando confianza y superando mi pavor inicial. Pero eso no me salvaba de cierta soledad, y tampoco de sentir aburrimiento. En ese tiempo fumaba, y en los instantes huecos era capaz de consumir hasta un cartón de cigarrillos mentolados. Las visitas de mis padres eran casi imposibles, al igual que mis desplazamientos hasta Bogotá, porque planteaban riesgos de seguridad que no estaba dispuesta a sortear.

Con Violeta, nos gustaba ir a la plaza a tomar limonada y comer helados. La niña, en un grato gesto de sus padres, quienes quedaron muy agradecidos desde su paso por el hospital, invitaba en ocasiones con algún billete que ellos le habían dado. Ella se iba transformando en todo un símbolo de la siempre imperiosa dulzura afectiva.

Y, justo en el parque, se dio un encuentro que torcería las cosas y las enrumbaría por sinuosos caminos: estábamos en una silla observando un gran venerable árbol centenario, cuando vimos aparecer al mismísimo comandante Farfán con su piquete de guardaespaldas. Como solía hacerlo, caminaba arrogante y como si lo vitorearan. Lucía su eterno y desapacible uniforme, su gorra negra mal puesta y una frazada en el hombro, tal y como la que impuso en la alta jerarquía guerrillera el fundador del grupo, el comandante de comandantes, Manuel Marulanda Vélez, legendariamente conocido como Tirofijo.

El prepotente, que daba la sensación de no llevar un rumbo preciso sino de estar gozando de lo que coloquialmente se conoce como «un baño de popularidad», detuvo su andar al vernos y se nos quedó mirando de manera fija. Aunque yo sabía el desmesurado poder que este hombre manejaba y se me habían referido sus excesos, nunca le tuve miedo. Fue una decisión de mi alma y la tomé desde el primer encuentro, y en los muchos que le siguieron.

—Dichosos los ojos —dijo Farfán—. Sumercé, ¿qué está haciendo por aquí, en vez de estar atendiendo a mis enfermitos... Mire que la revolución la necesita.

En las palabras de este personaje poco agradable, había siempre una carga de veneno y ambigüedad. Aunque un poco escalofriada, me enfrenté a sus ojos enrojecidos, a su semblante altivo, a su pelo brillante que no conocía jabón, a su nariz de gancho inflada, a su respiración jadeante.

—Estoy en mi tiempo libre, comandante —le dije, al fin—. Allá en el hospital le van a cuidar bien a sus enfermos, no se preocupe.

Farfán se tornó coqueto, vanamente seductor, pues cuanto hiciese por agradar le funcionaba en sentido contrario. Me tomó una mano y la apretó muy fuerte, jalando para atraerme.

—Pero yo prefiero que a mis muchachos me los atienda sumercé... ¿O es que no se ha dado cuenta de que me trae loco y es mi doctora predilecta?

Sentí vértigo y ganas de abofetearlo, pero, una vez más, primó la diplomacia y la sigilosa cortesía.

—Mil gracias, comandante Farfán —le mentí con descaro.

—¿Y cuándo sube al campamento y me hace la visita? —avanzó ahora Farfán, evidenciando lo que empezó a buscar desde el mismo instante en que me vio.

—No hago visitas a domicilio, comandante —le repuse, con rostro severo—. Lo que usted y los suyos necesiten es en el pueblo y en el hospital.

Vale aquí aclarar algo: durante décadas, y sin que gobierno alguno hiciera nada para evitarlo, ignorante de sus regiones apartadas a las que no atendió jamás, la guerrilla fue reemplazando al Estado, asumiendo, uno a uno, los papeles que a este le correspondían, y esto le permitió extender su influencia sobre la población. Los niños crecían viendo a los guerrilleros como la autoridad. De manera que hombres como el comandante Farfán se daban silvestres y llegaban a poseer una respetabilidad que en el fondo no merecían. En aquel tiempo y lugar, todas las actividades resultaban emparentadas con estos ejércitos irregulares.

El comandante Farfán insistió un poco, moviendo la cabeza de un lado a otro como una marioneta, siempre mirándome con expresión penetrante, pero yo saqué arrestos para contenerlo. Entonces, se batió en retirada profiriendo una curiosa risilla, que se me pareció a la de las hienas. Cuando estaba ya a unos metros, reparó en Violeta, la descubrió cual si antes hubiese sido invisible, la recorrió con morbosidad, y esta vez el escalofrío me ganó por completo.

—¿Y la niña? ¿Es familiar suya? ¿Es de por estos morideros? —Y se dirigió a ella—: ¿Dónde vive sumercé?

En la expresión de Violeta pareció reflejarse una mezcla de temor y admiración reverencial. Sin duda, aunque tan pequeña, percibía el poder estelar y la arrogancia increíble del insurgente.

—Es mi protegida —me apresuré a responderle, en un intento por transmitirle a Farfán el mensaje de que con la niña exigía la más respetuosa distancia. Este se quedó observándola un rato, le preguntó el nombre y otro par de nimiedades, y empezó a irse.

—Violeta, Violeta —canturreó de pronto—. Ese nombre es como de estrella de cine. —Y se devolvió un poco hacia nosotras con esa mirada viscosa, como la del coleccionista que revisa las piezas de su propiedad.

—Y sumercé, Catalinita, no eche en saco roto la visita al campamento... Si me acepta, yo la mando a recoger con mi gente para que no se me pierda en la trocha, que es muy verraca, sobre todo, para un bizcochito de ciudad... Hago unas fiestas bacanas... Cuando se le antoje, la invito a una, para que me vea bailar tango, que es mi música predilecta.

Finalmente, nos desembarazamos de la presencia inquietante.

—Él es raro, Catalina —me dijo Violeta, después de un silencio expresivo—. Y no me gusta que quiera ser tu novio.

Yo traté de quitar de su cabeza semejante idea, pero, la verdad, es que estaba por completo de acuerdo en su apreciación, aunque para mí era claro que no era un noviazgo lo que el comandante andaba buscando.

Las visitas del vanidoso y petulante guerrillero se hicieron bastante regulares y llegaron a transformarse en asedio. Prácticamente, no había día en el que no viera su figura rechoncha aparecer frente a mí. Un día, tenía molestias en los ojos (¡esos ojos perpetuamente inyectados!); al otro, presentaba dolores en las articulaciones, y por lo general estaba inmerso en borrascosas resacas. Las noches del comandante eran casi leyenda y muchas anécdotas corrían de un lado para el otro y eran contadas por la gente. Bebía en exceso, bailaba amacizando a las mujeres, hacía chistes y bromas y vindicaba la revolución comunista, despotricando contra los que llamaba «burgueses hijueputas».

El reclutamiento de niños era pan cotidiano por aquellos días y ya la prensa le seguía el rastro con cifras no comprobadas del todo, pero detrás de las cuales palpitaba una gran verdad. Muchas fueron las madres desesperadas y los padres dolidos que fui conociendo en aquel año rural. Cuando la gente me empezó a tomar confianza, cuando les resulté próxima y familiar, me compartieron su memorial de agravios.

Desaparecían cada semana, en una suerte de ritual macabro: aquí, una niñita que había salido hasta el estanco a comprarle unas cervezas a su padre y se convertía en humo; allá, dos colegiales que se dirigían para el colegio y fueron interceptados; más adelante, un grupito que se bañaba en un río y del que no se tenía rastro. Luego, alguien, en el monte, los divisaba, formados en fila india, pálidos o quemados por la brega y la rutina, y tan serios como el adulto que estropeó sus vidas.

Cuando se les antojaba, los guerrilleros entraban a las casas, revisaban todo, volteaban el mobiliario, rompían aquí, hurtaban allá, insultaban, daban vítores a su organización y, después de auscultarlos, escogían a los pequeños que se les viniese en gana. No había mucho que hacer cuando tomaban la trágica decisión y de poco valían llantos o ruegos. Estos hombres, ahora lo sé, han sido entrenados para que su alma profunda no se revele nunca, para no usar la conciencia, y cuanto más tétricos sean los pormenores de un hecho, para ellos resulta más satisfactorio. Confundieron hace décadas la moral recia de la guerra y el catecismo de la revolución con la crueldad y la sevicia.

Así las cosas, yo guardaba y guardaba muy dentro el espanto que me producía aquella vasta región. En ocasiones, tenía jornadas sensibles en las que nubes de pensamientos umbríos atravesaban el horizonte de mi imaginación enervada. Hasta que le llegó el día a Violeta, que, la verdad, yo ya había visualizado y temido muchas veces.

Según me relataron sus padres, Violeta había sido escogida desde el primer instante por el piquete de hombres que se presentó una noche a la casa en donde vivía con su familia. Ellos postulaban, con una seguridad y una firmeza absolutas, que llevaban a la niña identificada y que la tenían como una suerte de objetivo militar. Entre llantos y súplicas, Margarita y Octavio vieron, inermes, cómo su hijita se perdía en el horizonte. Violeta estaba muy asustada, pero serena. Esta es una escena que se repetía cotidianamente, pero la gente nunca se habituaba.

El secuestro de Violeta activó en mí toda la fuerza, el arrojo y la solidaridad de la que, sin saberlo, yo era capaz. Nunca he sido indiferente a la cruenta realidad de Colombia, pero mi colaboración se limitaba a expresar mi inconformismo y mi escándalo. También en interesarme por las cifras y los guarismos que se dan a conocer en estudios reveladores. Sin embargo, comprendí a cabalidad que nada resulta tan expedito como encontrarnos, en vivo y en directo, inmersos en esta debacle, estar en el centro del turbión, sintiendo sus imprecaciones rotundas.

Con Margarita y Octavio recurrimos a cuanta instancia, oficial o privada, estaba a nuestro alcance para rastrear su paradero. Incluso, desesperados ante la inoperancia local, viajamos a la capital, para poner el denuncio ante la Fiscalía General de la Nación y la Defensoría del Pueblo, así como para consultar con algunos miembros de organizaciones no gubernamentales. Muchas carreras, muchas citas fatigosas, algunas tinturadas de cierto tufillo burocrático y oficinesco, pero en plata blanca pasó buen tiempo sin que obtuviésemos resultados felices.

Yo sabía que Violeta estaba en el campamento del comandante Farfán. Todos, en aquel lugar, lo sabíamos; era una verdad que se susurraba, nunca de frente y a todo pulmón, porque encarnaba un riesgo mortífero. El rapto de niños por parte de la insurgencia era tan repetido que algunos campesinos terminaban por aceptarlo como algo natural, como una tradición. Incluso, escuché la historia de algunos padres que, resignados a su suerte, se unían a la guerrilla con el solo propósito de estar con sus hijos o, por lo menos, verlos de vez en cuando.

Una tarde, como a eso de las cinco, apareció el comandante Farfán para tomarse unas amargas en un estanquillo que le fascinaba y donde empezaba sus noches de «juerga revolucionaria». Venía, como siempre, acompañado por sus guardaespaldas y derrochando chistes vulgares. Aquel hombre no pronunciaba una frase que no estuviera cargada de doble sentido. Me le acerqué, cosa que le emocionó sin rubor, y, pidiendo permiso para sentarme en su mesa, le pregunté de manera altiva:

—Comandante, sírvase decirme dónde tiene a Violeta... Yo sé perfectamente que ustedes se la llevaron y que está en su campamento.

El comandante Farfán me miró de manera intraducible, habría podido gritarme o insultarme, pero también habría sido posible que largara una grotesca carcajada. Luego, su expresión se tornó traviesa.

—¿Violeta? No recuerdo cuál es esa... Tenemos muchas nuevas revolucionarias en el campamento... Es la juventud, bizcochito... La juventud que servirá a la patria y halagará la revolución.

Haciéndome la tonta, porque sabía con certeza que me engañaba, le recordé las señas de la niña y le reproché la forma en que se la llevaron del hogar de Margarita y Octavio.

Después de bromear de nuevo, pesadamente, el comandante Farfán dejó caer una frase tremenda y quizá lapidaria:

—Yo, a la niña Violeta, no la recuerdo para nada... Tendría que subir usted al campamento a buscarla. Si quiere, el sábado la invito a un baile formidable que hay: tomamos unos traguitos, bailamos tango... y se la devuelvo.

Sabiendo que se trataba de algo muy riesgoso e impredecible, acepté la invitación. Ignoro qué clase de arrojo me cobijó, pero estaba dispuesta a hacer cualquier cosa para recuperar a Violeta.

—Es un trato, sumercé —me dijo el hombre, con gestualidad coqueta, y después intentó, como siempre, ser simpático—. ¡Seremos pirinolas en la mitad de la pista, haciéndole al ritmo de los nuevos tiempos! ¡Le daré clases de tango, es un baile revolucionario que expresa el sentir y las pasiones populares! Tengo que enseñarle a sumercé, porque parece una oligarca.

Pues bien, el sábado, a eso de las cuatro de la tarde, aparecieron los hombres enviados por Farfán, tal y como habíamos quedado. Me exigieron que fuera sola y me dijeron que no podía contarles luego ningún pormenor a mis compañeros, ni mucho menos a los padres de Violeta, porque eso los enfadaría bastante y su enojo solía tener oscuras consecuencias.

Fue un camino sinuoso y muy arduo, en el que debí detenerme varias veces para descansar, ante las burlas y mofas de los guerrilleros que me conducían.

Finalmente, en un punto indeterminado de la jungla, apareció el campamento. Era como un reino aparte, la mansión de Farfán y los suyos, un escenario surrealista, la letra de un corrido, el sitio dónde estos personajes planificaban los secuestros, extorsiones y atentados que escandalizaban a la región y a Colombia entera. El ambiente era relajado y en el centro, debajo de un techo construido con diversas maderas, había una suerte de estadero que más parecía una caseta popular o el bar de un hotel campestre que un campamento de sediciosos.

El comandante Farfán me recibió con un abrazo demasiado estrecho, coqueto, pegajoso (¡por Dios, ese sujeto no conocía el jabón o, durante sus fragorosas jornadas, sudaba como un caballo de carreras!). Me invitaron a tomar trago. Me impresionó la cantidad de licores puestos en una mesa larga que fungía de barra. Había aguardiente, ron, tequila, cerveza, whisky, brandy y, por supuesto, vodka, que, como es evidente, era el trago que decía preferir el comandante, aunque era sabido por todos que, ya borracho, lo que hacía era empezar a tomar aguardiente llanero a pico de botella.

Estuvo coqueteándome todo el tiempo y sus insinuaciones iban subiendo de tono en la medida en que el alcohol iba enturbiando su cabeza. Para los asistentes al ágape guerrillero, Farfán era claramente un ídolo, y celebraban todo lo que decía con risotadas y aplausos. Yo manejé la situación. Solo Dios sabe el esfuerzo que debí hacer y cuánto amor por Violeta expresaba este sacrificio.

En un momento dado, Farfán ordenó que le pusieran tango y, apenas empezó a sonar, me sacó a bailar como el poseído de una dicha inefable. Como todo era parte de un trato, acepté, y en un dos por tres nos encontrábamos bailando en la mitad del estadero. El comandante no lo hacía tan mal, la verdad sea dicha, y se contoneaba con los ojos cerrados siguiendo una letra que parecía conocer al dedillo.

Su cercanía era una tortura. Se me pegaba al cuerpo, me estrechaba, canturreaba. Al oído, fue diciéndome toda una sarta de estupideces y banalidades marcadas de intolerable deseo. Pero, para que yo no fuese a olvidar que se trataba de un supuesto héroe revolucionario, mezclaba sus impertinencias eróticas con toda una cátedra de trasnochado marxismo que no le cuadraba y que, venida de sus labios, adquiría cierto tono de parodia y de farsa. Sin la menor duda, se creía la figura estelar de aquel frente, de aquella región, de absolutamente toda la estructura político-militar de la que hacía parte.

Como era previsible, llegó el instante en que me solicitó que fuésemos a su habitación. Sentía, ya con vértigo, su premura varonil, su ramplona idea de las relaciones entre los hombres y las mujeres, que insultaba parte de la verdadera teoría de los auténticos emancipadores.

—¿Y qué vamos a hacer en su habitación? —le dije—. Usted me convidó fue a bailar tango...

—Es cierto —repuso Farfán—. Pero es que sumercé me gusta, y quiero probarla...

—Yo no soy comida para que me prueben —afirmé—. Además, comandante Farfán, usted y yo tenemos un trato.

Él siguió insistiéndome con toda clase de estratagemas, pero yo, que no cesaba de pensar en Violeta, desplegaba imaginativos recursos salvadores.

—No sea mala, bizcochito, aunque sea regáleme un beso bien sabroso, bien estampado, bien sentido. —Y ahora se me acercó al oído—: ¡Béseme, y le devuelvo a la niña!

—¿Seguro? —le dije aproximándome también, y era porque el corazón me saltaba ante la posibilidad de llevar mi plan a puerto feliz—. Lo beso, y me devuelve a la niña, y no pide más. ¿Me daría su palabra de revolucionario?

—Tiene la palabra de un hombre que batalla por el porvenir de su patria y de la gloriosa revolución.

Nos fuimos a un sitio apartado. Contar lo que sentí mientras el hombre me besaba no sería grato. Básteme decir que, regresada de mi aventura, duré como dos semanas cepillándome los dientes más de treinta veces al día. Me besó, mientras yo, con los ojos apretados y sintiendo su lengua como un instrumento de tortura, estaba literalmente en una pesadilla.

Después de un rato, en un acceso de honorabilidad, Farfán me dijo, luego de empezar a beber aguardiente a pico de botella:

—Voy a devolverle la niña..., pero que conste que fue el beso y fue mi palabra. Es que usted me gusta mucho, bizcochito.

Al rato, y en medio de la noche, estábamos siendo guiadas por la trocha, de regreso. El reencuentro con Violeta había sido hermoso, pero no había tiempo de gestos demasiado sentimentales. De todas maneras, caminábamos cogidas muy fuerte de las manos. Yo sentía que en ese contacto anidaba un milagro.

Violeta estaba como anestesiada. Su presencia pagaba con creces los besos que le di a Farfán. A los pocos días, la niña salió de su mutismo y empezó a contar los abusos, hambrunas, golpes que los niños de ese campamento, y de todos los campamentos, sufren. Ellos son las víctimas más indefensas y nobles de la sorda violencia nacional.

Con Violeta, seguimos siendo las mejores amigas, y viene a la ciudad con frecuencia para ir al cine y comer helados. Ya es una bella y prometedora señorita y se prepara para intentar el ingreso a la carrera de Medicina. Poco hablamos de lo que sucedió, pero cuando alguna noticia nos devuelve atrás, y notamos que todo sigue más o menos igual, por el rostro nos cruza un aletazo de sombra.

Cuando mataron al comandante Farfán, había adquirido una aciaga prestancia nacional y estaba reconocido como el más rudo y recalcitrante de los miembros de su movimiento. Imagino la cantidad de cosas que hizo y me invade el temblor.

Antes de dormir, de vez en cuando, vuelve la escena cumbre de esta historia, y una voz me pregunta: «¿Fue un sueño? ¿Fue verdad que una noche lejana yo besé a un monstruo?».

EL LECTOR

DESPUÉS DE QUE APRENDIÓ a leer, a mi papá le dio por investigar muchas cosas que le habían intrigado desde siempre, y así se convirtió en el personaje más famoso de toda la región. Toda una celebridad, a la que los más inteligentes saludaban con afecto y respeto en las calles del pueblo. Además, aunque parezca increíble, la gente venía hasta el estanquillo donde se tomaba sus amargas y, como quien no quiere la cosa, lo miraba clavado en alguno de sus libros, y, si él subía la vista, silbaban y miraban al cielo. Todos sentían extrañeza. Un hombre tomando cerveza y leyendo les parecía curioso y hasta cómico. Pero también le profesaban cariño y él soportaba con benevolencia sus actitudes fisgonas.

Así de raro era saber leer en aquel lugar, azotado por las temporadas más calientes y donde las únicas entretenciones eran un viejo y oscuro billar oloroso a tabaco y licor, una cancha de tejo, alguna casa improvisada de teatro donde pasaban películas, y una plaza a la que le daban vueltas comiendo paleta. ¡Dios mío, qué manera de darle vueltas a esa plaza, como si todos estuvieran algo locos!

Los niños teníamos aún menos que eso, pero nos salvaba el hecho de saber soñar, inventar historias, encontrarle la gracia a cualquier cosa que nos saliera al paso. Ignorantes de las luchas económicas y los desvelos de los adultos, no nos azoraba mayor cosa, aunque nos sabíamos muy pobres. Una lata, un pedazo de cartón, una escoba, algún objeto abandonado, y nos ganaba la dicha... y yo no era precisamente la excepción.

Mi papá era muy distinto al resto de los hombres del pueblo: se distinguía por la manera de hablar y de mirar, en la forma como saludaba, en sus costumbres, y hasta en el estilo de querer a mi mamá. Era menos mandón y no creía, como los otros, que ella fuera una propiedad privada. La trataba con suma cortesía, con un respeto que daba gusto y que no era otra cosa que su manera de expresar el amor. A veces, al atardecer, también ellos daban vueltas y vueltas a la plaza comiendo paletas, mientras nosotros jugábamos debajo del castaño centenario o entre las flores encendidas que adornaban el lugar.

Leía libros que era un lujo, con callada pasión. En ocasiones, me gustaba mirarlo mientras leía, y, aunque a la mayoría de los chicos esta debe parecerles una entretención muy aburridora, yo me pasaba largos ratos solo mirándolo mientras devoraba páginas y anotaba en un cuadernito, siempre con un esfero color rojo.

Alguien dijo que es mucho mejor ser feliz en un rancho que llorar en un palacio, y ese era nuestro caso. Lo que yo no sabía por entonces es que aprender a leer pudiera constituir un peligro y que tal vez por eso, entrado el siglo veintiuno, los más tontos de la región se ufanaran de no saber hacerlo. Tal vez, no aprenden como una forma de demostrar que no desean morir jóvenes ni llevarle la contraria a los dueños de todo. Aunque suena extraño allí, en mi región, saber mucho convierte a las personas en candidatas del campo santo.

Al principio, mi papá era un estudioso y, después, cuando investigó bien las cosas y el mundo que lo rodeaba, se hizo lo que llaman un líder. En el Caquetá, ya son pocos los que no aprenden a leer, pero aprenden mal, porque ni saben lo que leen. Mi papá sí sabía entender lo que leía, y eso es sumamente peligroso. Años y años de silencio, de recibirlo todo, cual si fuese cosa del cielo o del destino indiscutible, convirtieron en nuestra región cualquier demanda en una afrenta, un atrevimiento.

Él empezó asesorando a campesinos que tenían líos de tierras. Tiempo atrás, los hacían firmar, o garrapatear apenas, sobre un documento improvisado, y eso bastaba para que perdieran sus derechos. Y, al poco tiempo, los sacaban corriendo, casi a fuete.

Un día, a eso de la seis de la tarde, llegaron unos tipos hasta el rancho, caminando lento. Preguntaron por «el sabiondo entrometido» y mi mamá, que los había recibido a la entrada, les dijo que en esa casa no vivía esa persona, que ella no conocía a ningún sabio y mucho menos a un entrometido. Los tipos tenían la mirada dura y, cuando nos miraron a nosotros, los cuatro niños, nos pareció como si nos quemara una llamarada. Le dijeron a mi mamá: «Usted no se haga la marica, que sabe perfectamente de quién estamos hablando. Hablamos de su marido, el sabio entrometido, y si sigue con sus güevonadas va a terminar con la boca llena de moscas. Se lo estamos advirtiendo, y mejor nos entiende y le comunica al hombre, o van a terminar todos, hasta los niños, en el piso».

Esa noche no hubo comida, apenas un tazón de agua de panela sin pan ni mogolla. Mi mamá tenía el rostro ensombrecido y casi no le salían las palabras. Cuando mi papá llegó, como a las siete y media de la noche, le cuchicheó algo al oído y nos obligaron a irnos a la cama, aunque nosotros hacíamos todo lo posible por escuchar lo que estaban hablando. Recuerdo que trataban de no subir la voz, que los susurros eran tristes y que parecían dos viejos rezando.

Ahora comprendo mejor de lo que estaban hablando y por qué sus voces eran lastimeras. Los niños saben presentir al igual que los animales, y esto explica que a los tres hermanos, que dormíamos en una misma y estrecha habitación, nos surgiera una sensación de pena, que no habría de abandonarnos hasta mucho tiempo después.

Entre esa conversación nocturna de mis padres y nuestra salida de la casa, no pasaron ni dos semanas. Los hombres de mirada quemante volvieron a la casa una o dos veces, cada vez con unas caras menos amables, y a nosotros, los niños, siempre se nos quedaban mirando y sentíamos miedo.

La última visita fue agresiva. Los tipos de ojos malosos zarandearon a mi papá y cuando mi mamá trató de meterse para exigirles respeto, la empujaron muy duro y la mandaron al suelo. Para mi papá, aquello fue demasiado y se les enfrentó, con los puños cerrados, con empuje y gran valentía. Pero los hombres sacaron entonces un revólver y se lo pusieron al frente, mientras él detenía sus acciones. Fue la primera vez que nosotros, los niños, vimos un revólver de verdad, antes solo los habíamos visto en las películas o cuando, con unos que eran de juguete, algunos compañeros de clase los usaban para organizar juegos agresivos.

La vista de un arma causa en un niño una impresión inolvidable, que en mi caso nunca se diluyó del todo y que me ha convertido en un hombre de paz, aterrorizado ante el hecho simple de saber que las armas existen y que son tan amadas en el mundo. Y algo más feo todavía ante el hecho de saber que son ellas las que lo dirigen. ¿Qué sería de un dictador, de un mal gobernante o del poder cuando se torna abusivo si no fuera porque tiene detrás un ejército con hombres duros armados hasta los dientes?

Los hombres obligaron a mi papá a arrodillarse ante ellos y a jurarles que se iría de su región. Recuerdo que dijeron así, con propiedad, como si estuvieran del todo convencidos de que esas tierras fueran suyas: «¡Se larga, o lo largamos, cabrón! ¡Se pisa de nuestra región, le va a pesar; les vamos a dar piso a todos, incluidos los culicagados! ¡Con nosotros no es jugando, sabio hijueputa!».

Salimos como tres días después, a la madrugada, pisando temerosos de que el crujir de las hojas del camino nos delatara, silenciosos y con terror. Adelante iba mi papá, después mi mamá y nosotros en una fila india como las que nos obligaban a hacer en la escuela. Fue una larga travesía, con mucho cansancio, y sin descansar excepto algunos minutos y beber unos sorbos de agua y comer unas galletas.

Para mí, que tenía apenas siete años, se trata de la escena principal de mi vida, aquella que me persigue en sueños y que está siempre en el centro de mis pensamientos cuando me pongo a cavilar. Sin saberlo, admirando mucho a mi papá y entendiendo que esa larga marcha era por nosotros, para salvar nuestras vidas y la de mi madre, me juré que sería un muchacho estupendo, que iría al colegio con juiciosa puntualidad y que aprendería a leer y a escribir, pero, algo todavía más importante: ¡que aprendería a pensar!

A los pocos días arribamos a esta ciudad, donde todavía permanezco y de la que he obtenido todo lo que tengo, pero a un costo altísimo, que suelo ofrecerle a Dios como una forma de mostrar aceptación y voluntad de perdón. Creo mucho en Dios, en el cielo, en la otra vida, en el paraíso y todas esas cosas; pero, a veces, la prueba aquí, en este valle de lágrimas, es bastante áspera.

Desde que llegamos, mi papá se encerró a estudiar y continuó sus investigaciones sobre los problemas de tierras de nuestra región, tema que al principio fue, para él, como una puntilla en el zapato, y se le transformó luego en una estaca en el corazón. Comprendió que una de las cosas que facilita la ciudad es poder acudir a las autoridades y al Gobierno para denunciar los atropellos que allí, en las tierras remotas, se cometen todos los días.

Si ya en el pueblo mi padre era un líder, en la ciudad se hizo un duro de la restitución. Había conseguido un puesto en una fábrica de camisas, primero de vendedor y luego de supervisor general, gracias a que era rápido, abnegado y muy astuto. Los jefes estaban contentos con su trabajo y pronto hasta le aumentaron el sueldo. Él se los agradecía, pero con distancia, porque nunca fue una persona demasiado expresiva y parecía haber nacido con una innata suspicacia que no lo dejaba confiar plenamente en nadie.

Sin embargo, al lado de su trabajo rutinario en la fábrica de camisas, él avanzaba en sus pesquisas y averiguaciones sobre los asuntos de tierras en nuestra región. Así, pronto, una procesión de campesinos y pequeños finqueros aparecieron en la puerta de nuestra casa —que era pequeña y muy modesta, pero embellecida por los cuidados de mi madre— para hacer sus consultas. Todos habían abrigado durante años la sospecha de que los habían engañado o, lo que era más frecuente, que habían engañado a sus generaciones pasadas.

Mi padre acostumbraba llevarme a pasear por el centro de la ciudad todos los sábados, y aquello era una fiesta. Caminábamos por el centro, tomados de la mano, y nos regalaban helados, golosinas y crispetas de maíz.

Hasta el último de esos sábados, que habría de borrar la dulzura y bondad de todos los otros con su mensaje de muerte.

Sucedió muy rápido, como en un sueño...

Habíamos bajado a la avenida Caracas para esperar el bus que nos regresaría a casa, cuando apareció una moto y se detuvo frente a nosotros. Venían en ella dos tipos a los que no se les podía distinguir el rostro porque llevaban cascos muy cerrados. No mediaron palabra, ni siquiera una grosería, sino que uno de ellos (el otro dejó la máquina encendida) se acercó a mi papá, sacó un revólver y, con increíble frialdad, le encajó un montón de tiros. La verdad, no estoy seguro si fueron tantos tiros, pero a mí me parecieron más de veinte o treinta.

Mi papa cayó al suelo bañado en sangre, entre los gritos de nosotros cuatro, y el terror en el rostro de Jazmín, la menor de la casa. Llorábamos y gritábamos entre el espanto y el estupor de los transeúntes. No quiero detenerme demasiado en esos pormenores, porque este relato quedaría marcado por un inútil patetismo, de manera que me bastará decir que ese fue el día del asesinato de mi padre: público, escandaloso y registrado en macabros titulares de prensa. El curioso lector que defendía a los campesinos... dejaba este mundo.

Perder al padre, o a cualquier ser amado, resulta muy difícil para un niño, pero el impacto se torna brutal cuando la ausencia llega por culpa del homicidio. Las imágenes quedan grabadas de manera indeleble, y después no se encuentran palabras ni gestos que puedan lavar la impresión y menos aún la amargura.

A mi padre le dieron de baja en una céntrica calle de Bogotá, después de advertirlo en el pueblo y de buscarlo con insistencia por todas partes, pues, según arrojó la investigación, la orden perentoria era sacarlo del camino a como diera lugar, puesto que estaba tocando la fibra y los intereses de los peores negociantes y terratenientes de la región. El robo de tierras ha sido pan cotidiano en la región y para los más cínicos que lo practican es ya una tradición.

Después de que nos tocara atestiguar la sangrienta muerte de nuestro progenitor, los hermanos nos volvimos alejados, huraños, tal vez un poco rencorosos. La imagen de la felicidad se torna a veces como un insulto para quien la ha perdido, y nosotros habíamos debido despedir el lazo más afectuoso que pueda concebirse para quedar a expensas de un mundo pletórico de intereses mezquinos.

La ciudad se nos desplegaba como una matrona cenicienta que ofrece apenas algunos mendrugos a los advenedizos. Es indescriptible lo que pueden sentir unos niños pueblerinos al verla aparecer en el horizonte —grande, majestuosa, temible— y saber que en adelante ese será su hogar. Recuerdo que, aunque impresionados y en cierta medida felices, pronto sentimos nostalgia del paisaje rural, echamos de menos los árboles, los arroyos y ríos, los animales, el viento.

Llegamos a un barrio muy popular en el occidente de la ciudad, y nuestra madre, que contaba con algunos recursos, alquiló una casa bastante aceptable, a la que sus buenos servicios y la dulzura femenina convirtieron en un hogar. Muebles pocos y elementales, nuestras camas, un juego de sala y otro de comedor, una nevera y un televisor, pero, más que eso, los pequeños detalles, como los jarrones siempre con flores frescas que propician la atmósfera de genuina protección.

Pero mi madre no sabía hacer mayor cosa y, con la ausencia de nuestro amado lector, las finanzas se fracturaron. Fue cosa de meses. Los tenderos del barrio nos cerraros los créditos, la dueña de la casa, cuya mensualidad se canceló a tiempo solo al principio, nos pidió que le entregáramos su propiedad.

Debimos entonces desplazarnos a un duro barrio, famoso porque, desde siempre, en sus calles hay una cotidiana guerra entre grupos paramilitares, pandillas de microtráfico de drogas y células guerrilleras de izquierda. Todo un caos que contaminaba el aire, las conversaciones, los juegos de los niños, el trasegar de los adultos y hasta la mirada de los viejos.

Nuestro barrio anterior era modesto, pero habitado por gente sana, de corazón bondadoso y franco, casi la mayoría trabajadores de los que se levantan muy temprano para salirle adelante a las urgencias domésticas; sastres y carpinteros, panaderos y maestros, pintores y cerrajeros. Todos, conjuntados, han constituido un rincón de mansedumbre donde resulta fácil vivir.

En cambio, el lugar al que llegamos producía al instante la sensación de miedo, era como ingresar al escenario de una película lúgubre, temerosa. Mis hermanos y yo entrábamos en la experiencia límite de una zona de conflicto en una urbe inmensa. Allí, ahora lo comprendo, es casi imposible crecer de una manera genuina. Por eso, las estadísticas indican que un ochenta por ciento de los niños, en ese infierno urbano, se echan a perder, se enlistan con las pandillas, los «guerrillos» o los «paras», y muchas veces mueren antes de llegar a la mayoría de edad. No se trata de una vocación hacia la oscuridad, sino de que en aquellos morideros las oportunidades casi no existen.

La soledad de mi madre y su precaria situación económica produjeron entonces una pésima y fatal decisión. Ella, que se caracterizó por ser recatada, púdica y muy distante del modelo de mujer que requiere de andar entregando dádivas a los hombres para sentirse segura, empezó a aceptar los flirteos y acercamientos de Carlitos Guerra, un compadrito de barriada de aquellos que cada amanecer inventan cualquier cosa —¡la que sea!— para afrontar la realidad y ganarse unos pesos. En principio, él no parecía una mala persona, pues era bonachón, presto a colaborar en cualquier cosa. Vestía con enormes chaquetas raídas que daban la sensación de haber ido a la guerra, los *jeans* caídos y se ponía gorras de colores estridentes casi todo el tiempo. Si nos hubiera dicho que pertenecía a una banda del sector, se lo hubiéramos creído.

No puedo saber qué pensaba mi mamá, pero lo cierto es que un buen día trajo a casa al tal Carlitos Guerra. Nosotros, los niños, como es obvio, lo miramos con recelo y no fuimos diplomáticos. En nuestros rostros y nuestras actitudes, podía leerse que rechazábamos su presencia y que haríamos cuanto estuviera a nuestro alcance para impedir la maduración de un romance. Además, el tal Carlitos era, según lo dictaminamos, varios años menor que nuestra madre, y entre sus tristes chaquetas solía portar media botella de cualquier licor. Le gustaba, en especial, por barato y bravío, un ron llamado Tres Barriles.

Las visitas de Carlitos se hicieron regulares. Primero arribaba a eso de las siete de la noche y se quedaba un par de horas, comía con nosotros y trataba de charlar, dándose, sin presentar excusas, uno que otro trago de su botellita, como si aquello fuera lo más normal. Tenía, lo recuerdo bien, una conversación salpicada de grandes proyectos para hacerse millonario, empresas fabulosas que lo convertirían en un magnate. También contaba chistes tontos, algunos bien plebes y gráficos, que ruborizaban a mi mamá. En suma, era el típico fracasado que no cesaba de hablar del porvenir portentoso para entretener el magro presente, y tal vez un pasado vergonzoso.

Pero el amor es, con frecuencia, no solo ciego sino también obtuso, y mi madre fue cayendo en las redes de Carlitos de una manera indiscutible, de modo que el sujeto pasó de visitas esporádicas a unas muy prolongadas y llenas de familiaridad. Desayunaba, almorzaba y comía con nosotros los fines de semana y se paseaba por ese salón con dos habitaciones como el amo y señor. Mi mamá parecía ya eclipsada y en la tónica de tolerarlo todo. Entonces, terminó viviendo con nosotros. Una tarde apareció en el vano de la puerta con su maleta desvencijada, que parecía hacer juego con sus chaquetas y sus pantalones.

En las calles, entretanto, la cosa era bastante complicada. Nunca olvidaré una mañana de lunes en la que, yendo con mis hermanos hacia la escuela, que se levantaba con su osamenta gris a pocas cuadras de la casa, nos tocó ver el cuerpo baleado de un muchacho no mayor de veinte años. Fue espantoso, y a nosotros nos regresó a la escena del crimen de mi padre, y nos llenó de desaliento. Los hombres que lo liquidaron también habían aparecido en una moto —algún día se hablará del papel estelar jugado por estos feos aparatos en la violencia nacional—, tranquilos, temerarios, como el oficinista que hace su trabajo y cumple con su horario.

Las personas que curioseaban en el lugar nos dijeron que este no era, ni mucho menos, un hecho aislado, y que la cosa era tan repetida como para llamarla rutinaria.

Se estaban aclimatando a esta clase de sucesos y los digerían como si no tuvieran remedio, y los predicamentos que les tocaron en suerte por haber venido al mundo en un sitio agreste y con unas condiciones bien complicadas. Querellas entre vecinos que desembocaban en pleitos a cuchillo o a bala, encuentros entre pandillas, edictos de los paramilitares con listados de próximos difuntos, visitas relámpago del Ejército y la Policía, que solo empeoraban las cosas, se sucedían con funesta puntualidad.

En estos barrios, la ley sirve de poco y con frecuencia sus representantes ahondan el desorden y la desazón. Así era en aquel barrio tan omnipresente en mis recuerdos. La Policía estaba comprada por los pequeños y grandes traficantes de droga que, a la vez, eran pequeños representantes de los grandes carteles. Lo único que se les veía hacer era joderles la vida a los drogadictos para sacarles dinero o abusar de los borrachines o de los jóvenes autores de grafitis —¡había muchos y eran como un refresco y una respuesta esperanzadora!—. A todos esos desdichados acostumbraban mancillarlos y darles trillas inmisericordes en cualquier estación o en la mismísima calle. Yo digo que ese talante criminal es la respuesta de los policías a una vida peligrosa e inútil y a unos salarios de miedo.

Las pandillas de la delincuencia común y aquellas otras que buscaban cierta sensación de prestancia y poder arrogante se formaban cada día. Eran atracadores que «camellaban» en el centro y en los barrios vecinos, expendedores de marihuana, cocaína y bazuco, vendían licores y cigarrillos de contrabando y artículos robados. Quienes acostumbraban castigarlos eran los «paras», que, como en el resto de Colombia, se formaron para ponerles coto a las actividades del hampa y para llenar el vacío de autoridad que campeaba por todas partes, dándoles más soltura a los delincuentes vulgares. Pero, la tarea de estos supuestos repartidores de armonía y de justicia no tardó en corromperse, y para estos justicieros equívocos absolutamente todos los actores de la vida social se volvieron objetivos militares y subversivos, en especial aquellos que actuaban en la vida intelectual, sindical y artística, y a los que pronto tildaron de comunistas, anarquistas, guerrilleros e infiltrados.

Actuaban también en aquel gran teatro de la crueldad el Ejército y la guerrilla, ambos de manera por demás equívoca. El primero aparecía, más que nada, en sus grandes camiones, con la finalidad de reclutar muchachos para la milicia, y la segunda, tratando de infiltrarlo todo y de despertar el deseo de las armas. Así las cosas, nuestra infancia no fue más que una pequeña guerra en la que todos estaban equivocados y los inocentes debían correr con la peor parte.

Mis hermanos, a la hora del almuerzo o la comida o mientras realizaban sus labores escolares, hablaban de todo eso con un desparpajo que resulta poco apropiado para un niño. La cercanía de la muerte madura a los golpes y de un súbito portazo la bellísima infancia y su prodigio quedan clausuradas. Nosotros, por lo menos, habíamos tenido una, breve y amenazada, pero allí muchos niños ni tan siquiera la paladearon jamás.

Carlitos Guerra, la nueva pareja de mamá, no era, ni mucho menos, el personaje humano medio pueril y bonachón que nos había hecho creer. Eso quedó demostrado cuando ella empezó a notar el aroma dulzón y pegajoso que entraba de nuestro pequeño patio, cuando, en las noches, salía allí con el cuento de que iba a fumarse un cigarrillo y observar las estrellas. Pero nada más estaba un par de minutos fuera y empezaba a colarse el repelente e invasivo olor. Un almizcle, un perfume barato, un néctar enfermizo, el «bouquet» del diablo, como le llaman los adictos que se han recuperado. Mi mamá estaba perdidamente enamorada de aquel pelmazo, pero no era ni mucho menos tonta, y pronto se percató de lo que en realidad hacía su querido.

Las reacciones de Carlitos Guerra, llegada la hora de los reclamos y los emplazamientos de su mujer, se tornaron agresivas. Y solo llegaron cuando las fumarolas del hombre se desplazaron a las calles. El tipo, ya vapuleado por la acción de su consumo, rompía cuadras y cuadras en las noches, se aproximaba a las esquinas más horrendas, y únicamente regresaba a la casa cuando ya no le quedaba un céntimo en el bolsillo, ni algún bribón que le fiara o lo financiara. Entonces, volvía manso, terroso, fantasmal, como un perro apaleado, pero, a las dos o tres horas, una extraña reacción, consecuencia de todo el veneno que recorría su cuerpo, lo tornaba de un genio diabólico y la emprendía contra mi madre.

Fueron muchas las ocasiones en que nosotros, siendo pequeños e inermes, intervinimos para que la cosa no llegara a los golpes. Carlitos Guerra era amenazante de palabra y se acostumbró a quebrar objetos. Sin embargo, algo le anunciaba que, de llegar a las vías de hecho, pagaría las consecuencias. Nosotros, desde nuestra pequeñez, estábamos dispuestos a hacernos matar por esta causa. Cuando la disputa se tornaba áspera, nos alineábamos cerca de donde sucedía la riña, uno con una olla en la mano, el otro con un cuchillo, alguno con un garrote.

Una noche, cuando sus salidas se habían tornado rutinarias y ya nadie se preguntaba por dónde andaría, hubo en el barrio una impresionante y macabra limpieza social, operativo desarrollado por uno de los grupos de autodefensa que actuaban por aquellos morideros tiempo atrás, y dominaban las calles con sus armas y su accionar mortífero. Carlitos, una vez más, estaba recorriendo calles como un zombi, y se encontraba en uno de sus permanentes estados alterados.

Varios *jeeps* llegaron y rodearon la zona con sapiencia militar. Transportaban por lo menos unos treinta hombres, encapuchados y vestidos de negro alarmante. Cuando los primeros transeúntes, una gran cantidad de ellos adictos, se percataron de lo que ocurría era demasiado tarde. Habían caído en lo que se conoce como una «emboscada militar».

Fue una masacre con todos los espantosos detalles que estas virulentas acciones suelen poseer, y de las que en nuestro país, dolorosamente, se sabe demasiado. Como si todos se hubieran puesto de acuerdo, por ninguna parte apareció la ley. El escuadrón siniestro mató a cuanto drogadicto o expendedor tuvo la mala idea de salir a merodear esa noche. Después, con total tranquilidad, desaparecieron. Desde entonces, me percaté de que la sabiduría de mi padre, sus horas de estudio, los libros leídos, la actitud diferente y la conciencia que le taladraba el pensamiento, me eran atributos urgentes y necesarios.

A Carlitos Guerra, como era previsible, le tocó entregar su vida. Lo encontraron con más de veinte plomazos entre pecho y espalda. Impresionó el hecho de que, ya sin vida, continuaba con un cigarrillo y una papeleta de droga fieramente apretados en sus manos. Así, prácticamente estaban todos, como esos pobres peces ahogados que suelen aparecer en el río despúes de que las aguas han sufrido algún envenenamiento.

Había muerto en la noche de nuestra violencia, como mi padre, pero cuán diferentes eran sus desapariciones. Justo lo que va de una muerte ejemplar a una muerte miserable.

Al pobre Carlitos no se le pudo hacer ni una misa, porque tal honra habría sido condenada por quienes lo asesinaron. Apenas si hubo una modesta funeraria sin nadie, o tal vez con dos drogadictos valientes que se arriesgaron a presentarse y rezar por él un avemaría.

Después de aquellos hechos, la violencia se tornó insoportable, y era común y silvestre ver a los grupos familiares escapando, con o sin trasteo, con o sin lugar de destino, con o sin dinero, y en ese cerco absurdo y a veces insuperable que se tiende a los desplazados.

Pasó el tiempo, y los hermanitos fuimos abandonando por completo los aromas, pero también los terrores de la infancia. Mi madre se refugió en el recuerdo de aquel hombre sabio que la amaba en medio de sus largas lecturas, y no volvió a tomar el riesgo de un nuevo romance. Yo me convertí en profesional, y fue la Historia la que me gustó como carrera. Creo que en Colombia la necesitamos y nos urge volverla a escribir.

Ahora, dicto clases en un colegio oficial e imparto conocimientos e información a quienes siguen siendo estafados y engañados en el campo. En nuestra región, o cualquier otra, el drama de la rapiña subsiste.

Cuando despierto en la noche, recuerdo lo que aquí he contado como si se tratara de una visión producida por mi fantasía. Pero pienso que tengo el antídoto contra todo eso, y una leve sonrisa aparece en mi rostro...

El partido

LUEGO DE LA APARICIÓN del bloque llanero de las Autodefensas Campesinas de Colombia (AUC), la región en la que nací sintió ilusamente que se había liberado de las afrentas guerrilleras y que la temida noche volvería a ser una plácida tregua para descansar. Pero todos se equivocaron, y salió peor el remedio que la enfermedad.

Con el accionar de los grupos de la izquierda comunista, que ya poco conservaban de su verdad inicial, las vacas, corderos y gallinas desaparecían de las fincas en un dos por tres, al igual que los víveres de las despensas y las cuentas bancarias de todos los pobladores.

Las tropas pasaban por las casas con increíble arrogancia, «vacunando» o, mejor dicho, cobrando impuestos para una causa que, juraban, tenía por finalidad acabar de una vez y para siempre con la injusticia del Estado. Y las personas nada podían hacer. ¿Qué solución tenía el pobre señor de una finca o el dueño de un negocio ante este ciclón bélico que desataba la muerte y la desolación?

Yo tenía catorce años y en esta narración me llamaré Fernando. Decir aquí mi verdadero nombre equivaldría a pagar mi entierro, y todavía tengo muchos planes y sueños por realizar. Catorce años, repito, la mayoría de los cuales no gozaron de la felicidad y la paz que un niño requiere para habitar una verdadera infancia. Catorce años, y ya mis ojos habían visto escenas terribles, columnas guerrilleras fusilando gente, niños que partían hacia el monte arrancados de sus hogares, y también había escuchado el sonido de las metrallas y los estruendos de la dinamita cuando se presentaban reyertas con el Ejército, que aparecía muy de vez en cuando para cazar rebeldes, sin que se le viera en escena para ningún otro asunto y, menos aún, colaborarle a la población en sus necesidades.

Algunos, tal vez demasiados, creían que los paras eran un mal necesario. Años, décadas, toda una vida sufriendo los abusos y reclamos de los guerrilleros habían terminado por extender en la psique colectiva un manto de rabia e indignación. Muchos, en confianza, expresaban la necesidad de salirles al paso a los insurgentes con acciones rotundas y directas. «Para un gran mal... un gran remedio», decían en los mentideros y en la intimidad de sus casas, aunque nunca lo habrían sostenido públicamente.

Aníbal, mi padre, estuvo entre los que celebraron la aparición de la autoproclamada columna de autodefensa. Todavía lo recuerdo, a la hora de la cena, hablando bellezas de estos nuevos guerreros y refiriendo cómo les estaban «parando el macho» a los abusadores guerrilleros. Claudia, mi madre, que era una mujer de gran prudencia y sigilo, no se encontraba tan segura de que el nuevo escenario fuese a resultar conveniente, y mi papá le decía con una sonrisa dibujándosele en los labios: «Mujer incrédula, no ve que esta gente llegó para defendernos... Ya todos estamos hastiados de los vejámenes».

La cuestión empezó a revelar cuánta razón tenía mi mamá cuando el objetivo militar de las autodefensas se fue extendiendo de los guerrilleros y sediciosos a otros sectores de la población, que en realidad no participaban directamente del conflicto: drogadictos, homosexuales, afros, sindicalistas, curas y periodistas.

Una noche, mientras jugaba en la calle con unos amiguitos, observé llegar una fila de camionetas muy nuevas y bien cuidadas, cuyos motores hacían un gran ruido, y vi cómo, con un estilo más bien chambón, se bajaba de ellas un nutrido grupo de hombres. Todos venían embozados y usaban camuflado de guerra.

A nosotros nos parecieron tan llamativos que intentamos acercárnosles y mirar de cerca lo que hacían, pero uno de ellos nos espantó chocando sus botas contra el asfalto. Y, quién dijo miedo, salimos a perdernos, entre risas y bromas. Minutos después, nos detuvimos debajo en la puerta de la droguería, que siempre estaba regentada por don Alfonso, un viejillo simpático y amable que tenía una gran calva, de la que nos burlábamos, porque a la luz del mediodía brillaba hasta dar la sensación de estar iluminada por un bombillo interior.

En un rato, que fue eterno para los presentes en aquella calle (la principal avenida del pueblo), pegaron papeles en todas partes, con rapidez, como si lo hubiesen ensayado desde tiempo atrás. Recuerdo que miraban para todos lados, pero no parecían tener ningún afán. Para los niños, siempre hambrientos de novedades y de espectáculos de circo, aquello resultaba extraordinario, y nos divertía. Si hubiésemos tenido claridad, aquello no nos habría resultado tan entretenido. Era, nada más y nada menos, que la compuerta, la anunciación de una época densa y trágica.

Cuando se fueron en sus camionetas tronantes, los niños corrimos a ver qué cosas eran las que habían pegado en los muros. Algunos, como yo, ya sabíamos leer, despacio y con dificultad, pero éramos astutos y entendíamos casi todo, mucho mejor de lo que pensaban nuestros padres. Leímos, pues, y en esos papeles estaban los nombres de muchas personas, algunas de las cuales distinguíamos bien.

Briceño era hijo de un ganadero de la región, que, según podía verse con facilidad, tenía una gran fortuna. Los bienes estaban ahí para la admiración y tal vez la envidia de muchos: una gran finca donde vivía la familia, una casona en el pueblo en la que funcionaban una heladería, un almacén de productos agrícolas, un restaurante y un pequeño hotel, y, sin que lo conociéramos, un apartamento en Villavicencio y otro en Bogotá.

Los papeles con los listados de personas nos impresionaron, porque percibimos su gravedad, pese a nuestra natural inconsciencia. Estaban escritos con letras grandes y negras con una especie de crayolas, y les salpicaban groserías y madrazos; y que tal cosa, y que tal individuo era un cabrón, y que tal otro era un malparido, y que el de más adelante era un hijueputa. De ahí, salimos hacia nuestras casas con los rostros acontecidos. Solo Briceño se quedó allí, observando, una y otra vez, los panfletos, con un rostro indescriptible, que a mí se me antojó de satisfacción.

Desde aquel día, todas las cosas cambiaron. Paso a paso, día a día y minuto a minuto, la atmósfera de la región se volvió intolerable. Ahora, empezaba el pavor de los paramilitares. Sus incursiones en la zona eran todas de extrema rudeza. Una noche, pasaban ajusticiando a los viciosos; la otra, a los homosexuales; la siguiente, a los que suponían colaboradores de los subversivos... Y, de pronto, ¡absolutamente todos estaban señalados como culpables!

En mi casa, la cuestión agudizó las diferencias entre mi padre y mi madre. Él insistía en defender el proyecto de los nuevos actores del drama; ella, cada vez era más reservada y ácida en sus reparos. «Tiene que estar chiflado para ver en eso una gran vaina, mijo», decía. Y él: «Pues, sí, mujer. Ellos están buscando nuestro bien y nos están defendiendo». Y ella: «¿Y por qué asustan profesores y peluqueros, que poco o nada tienen que ver en el asunto?». Y él reponía, altivo, convencido, casi bravo: «Porque es gentuza que se lo merece y han sido los alcahuetes de esta vaina».

Se miraban con recelo. Siempre se amaron y se respetaron, y entre ellos las fisuras y las diferencias se arreglaban, gracias al cielo, por la vía diplomática. Pero ahora, tantos años después, me percato de que aquellos diálogos no eran más que el espejo cristalino de lo que pasaría en la región.

Briceño, ¡nuestro famoso Briceño! Lo vieran ustedes en el colegio... ¡Siempre dando órdenes!, ¡siempre como si fuera el dueño de aquel sitio, de aquel pueblo, de aquel país... ¡Y, por Dios, que él y los suyos casi se iban a apoderar del país!

Noche sin estrellas

Los listados siguieron apareciendo regularmente en las calles del pueblo. Cada vez más nutridos y amenazantes, se volvieron casi una costumbre, y la gente iba a verlos para cerciorarse de que seguían invictos frente a las autodefensas, de que no los tenía en la mira. Ver los grupos de hombres y mujeres apiñados en las calles recordaba a los que han optado por los exámenes para un puesto y van a ver los resultados.

Mi padre se llevó la gran sorpresa cuando apareció su nombre en una de las dichosas listas. No había hecho nada, no infringía las leyes, no era un peligro para nadie, incluso, se había aliado con el Ejército.

En la casa, más embravecido que temeroso, recibió de nuevo una reprimenda verbal de mi mamá. Ella lo miraba con cierta piedad, con esa mirada bondadosa, enamorada y comprensiva: «Usted no quiso escucharme, mijo, pensó que se trataba de la gran vaina... Pero, para mí, esos embozados no son más que otra plaga distinta a la que ya conocemos, y de seguro más letal y temible». Y él únicamente subía la vista y meneaba la cabeza. Estaba herido, pues había entregado su fe a los nuevos grupos paramilitares, y estos lo compensaban amenazándolo.

Pronto, en toda la región, se conoció e hizo muy popular el nombre del comandante Cardozo, máximo líder de los «justicieros», y se decía que era un tipo irascible y algo desequilibrado, que pasaba en un dos por tres de la calma a la histeria, de la alegría desbordante a la rabia feroz, y que estaba obsesionado con el comunismo, al que veía cómo una plaga bíblica.

Mi padre, inmerso en una terquedad sin nombre, concibió entonces la idea más disparatada; idea que les habría dado mucho para especular a los psiquiatras y a los especializados en desórdenes mentales. Una noche nos lo dijo, mientras comíamos: «Tengo un contacto que me llevará mañana hasta Cardozo. Yo quiero darle la cara y explicarle que no tiene por qué tenerme en las listas de los amenazados. No soy un enemigo y, por el contrario, estoy bien de acuerdo con su campaña de limpieza y también veo a los comunistas con fastidio, y hasta pienso, como ellos, que son ni más ni menos que una enfermedad». De nuevo, la mirada de mi madre pareció recriminatoria, pero ahora, pude notarlo, también la dominaba el miedo. Ese miedo que, noche a noche, y accionar tras accionar de los paracos, iba creciendo como maleza por todas partes.

Mi madre trató de disuadirlo. Utilizó toda clase de argumentos y reflexiones, pero nada podía cambiar la decisión en aquel instante. Así, a la madrugada, lo vimos salir con rumbo desconocido hacia donde quedaba el cuartel general del comandante Cardozo. Se puso una pinta significativa, con saco de paño, camisa blanca y muy planchada, y hasta los zapatos negros formales que utilizaba para los entierros, las bodas, los bautizos y las primeras comuniones.

Después supimos que quien lo llevaría era Sarmiento, un tendero inescrupuloso que cobraba por todo y era capaz, según se pudo comprobar, de robarle a la gente cobrándoles precios más altos o expendiéndoles productos de calidad discutible. En su momento, se alió con la guerrilla, pero vino el Ejército y no tardó en convertirse en su amigo de turno. Cuando la tropa oficial, como suele suceder, se replegó, trató de ser nuevamente aliado de los guerrilleros, pero ellos ya lo tenían entre ojos. Y, al llegar las autodefensas, les flirteó hasta convertirse en uno de sus hombres de confianza, un soplón y un informante.

Mi mamá siempre fue muy creyente, de manera que el día de la dichosa visita nos llevó hasta la imagen del Divino Niño, que era la que más efecto místico le producía y a la que veneraba y le tenía una fe infinita. Nos hizo pasar un buen rato pidiendo el favor de que mi padre saliera a salvo de su loca aventura.

Regresó pasada la medianoche con el rostro acontecido, una de esas expresiones que no necesitan de las palabras para narrar lo sucedido. Nos contó que, después de caminar largamente por sinuosas trochas, arribaron al campamento de Cardozo. Estuvieron esperándolo largamente, al tiempo que Sarmiento se desvivía por charlar con todos los miembros de aquella tropa fortuita, en la que primaba el modal agreste, las maneras turbias y la total inscripción a las creencias del comandante en jefe. Este se hizo esperar un buen rato, y entonces apareció en escena. Saludó al tendero con displicencia de amo, le estrechó la mano a mi padre, no sin frialdad, y los llevó para su tienda de campaña.

Era aquella, relató mi padre después, un sitio con todas las comodidades y todo el bienestar. La tienda del gran jefe. Llena de aparatos electrónicos, con una enorme cama, unos muebles finos, pero de mal gusto, que poco se veían en la región y que debían ser el sueño dorado del hombre promedio de aquellas tierras, y una mesa llena de mapas y equipos de telefonía.

La verdad, mi padre se había sobreestimado y Cardozo no lo tenía presente para nada. Se enfadó con Sarmiento, expresándole que no tenía tiempo para andar hablando con cualquiera, porque su agenda era atafagada y tenía un montón de trabajo. A mí se me antoja que llamar «trabajo» a lo que hacía era un verdadero despropósito, y que sus acciones no pasaban de ser fechorías. Sin embargo, vivíamos el nacimiento de los grupos paramilitares y eran muchos los que los apoyaban, básicamente, como ya lo he dicho, ante los numerosos traumas dejados por los guerrilleros.

Cardozo, malhumorado y utilizando expresiones soeces, finalmente accedió a mirar los listados. Mi papá cuenta que aquello era como ver al rector de un colegio revisando el prontuario de sus alumnos. Sin quitarles los ojos de encima a los dos visitantes —y a Sarmiento tampoco es que lo mirara precisamente con dulzura—, buscó, usando unas gafas redondas de intelectual o de escritor, y encontró el nombre: «Aníbal M», escrito, al lado de muchos otros nombres, en lo que parecía ser el anuncio del gran cementerio colectivo en el que habría de transformarse aquella región del país.

«Lo que pasa es que usted trata a mucho hijueputa y a mucho colaborador del comunismo, caballero», dijo, resoplando cual el parroquiano al que hostiga una determinada situación. Y luego lo inquirió, rotundo, con una mirada escalofriante: «Así nos va a tocar sacarlo de circulación... Porque, aquí, óigalo bien, amigo, no vamos a dejar comunista impune».

«Pero don Aníbal no les colabora, yo puedo darle fe de ello», trató de mediar Sarmiento, tal vez exagerando la estelaridad e importancia que tenía su condición de soplón. «Él está con ustedes, así como yo».

Nada más escuchar esto, Cardozo se puso como una fiera y se derramó en improperios: «Y a usted quién le está preguntando, caballero, no sea tan metido, no sea tan sapo; o, de pronto, el que termina con el hocico entre el barro es otro. ¿O es que desconfía de nuestra inteligencia y pone en duda nuestros informes e investigaciones?».

Tan pálido como una vela, el tendero informante trató de arreglar el supuesto enredo, pero para entonces ya el comandante ardía en ira. Mi padre contó que incluso tuvo temor de que Sarmiento fuese golpeado. Así, después de insultar con toda clase de groserías y amenazar de manera nada sutil, aminoró la carga y, volteándose hacia mi papá, le expresó con palabras bien masticadas: «Revise su amistad con el ferretero Wilches y el reportero Toledo. Ellos son sus compadres, pero resulta que son un par de hijueputas y unos comunistas de tiempo completo», e hizo una transición y mostró cómo que le había ganado la fatiga. «Y ahora, lárguense ambos, antes de que me termine de emberracar».

Salieron. Era ya de noche. Una noche sin estrellas, en la que mi padre tuvo, forzosamente, que empezar a cambiar la opinión sobre los nuevos actores que tenía la región.

Las cruzadas

En nuestra región llanera, las amistades se suelen respetar y defender como una divisa. Cuando se hacen vínculos, estos viven reafirmándose mediante celebraciones, jolgorios y, de esa forma, llega el día en que quienes han cosechado grandes filiaciones les son fieles a estas por encima de cualquier otra consideración. Tal vez, eso haya incidido en que mi padre fuese modificando su actitud y su opinión sobre lo que estaba pasando. La verdad, hasta nosotros, los pequeños, podíamos olfatear la rareza, la mordicación, el desvelo que avanzaba.

Los enfrentamientos entre la guerrilla y los paramilitares se hicieron cada día más repetitivos, y estallaba el fuego entre las dos facciones a cualquier hora del día o de la noche. Pero eso, aunque suene extraño, terminaba siendo lo de menos ante las incursiones del grupo de autodefensa de Cardozo en busca de ciudadanos culpables, informantes subversivos o, como a ellos les gustaba decir, «sanguijuelas comunistas».

Los muertos empezaron a aparecer de manera aislada y, si no sonara tan loco, podría hasta decir que de manera discreta. Un drogadicto aquí, un comunista allá, un líder de izquierda más adelante, algún vago, algún ladronzuelo, algún ocioso. Caían en la noche, cuando llegaban los paras en sus *jeeps*, aunque, con el correr de los días, también se acostumbraron a bajar a pie. En ocasiones, eran «redadas y cacerías oficiales», pero también se descolgaban de la montaña algunos mandos medios para auscultar por su cuenta.

Mi papá, después de meditarlo largamente, se decidió a contarles a Wilches y a Toledo sobre la opinión negativa en que los tenía el comandante Cardozo. Estaba extrañado de que este tipo tan «ocupado» los tuviese en la mira, prestos a ser convertidos en carne de cañón. Les hizo una visita sigilosa, no exenta de cierta densidad, y, después de unas palabras introductorias a manera de anestesia, les refirió lo que sobre ellos había podido escuchar en el campamento de las autodefensas. Ambos, como era previsible, se quedaron mustios y entraron en la más justificada desazón.

Se trataba de dos hombres un tanto más refinados que el promedio de los nacidos en aquella región de los Llanos, habiendo ambos alcanzado el título de bachilleres. Wilches, incluso, estuvo en Bogotá cursando algunos semestres de Ingeniería Mecánica, que finalmente no terminó. Toledo, por su parte, era uno de aquellos periodistas empíricos de otros tiempos, que empezaba a reportear lagarterías políticas en una emisora o un periódico. Le gustaba, eso sí, divulgar las denuncias que le transmitían y estas, con frecuencia, estaban emparentadas con asuntos de tierras y leoninas transacciones que eran pan de todos los días. Nada demasiado espectacular, demasiado memorable, y, sin embargo, en aquel tiempo y lugar, eran figuras ilustres.

De un momento a otro, el dichoso comandante Cardozo se convirtió en un personaje nacional y salía en las noticias con gran frecuencia, a medida que sus incursiones en toda la región se tornaban más agresivas y metódicas, y de que el fenómeno recorriera todo el país, como una música triste y un *leitmotiv*. Lo que había empezado siendo el ajusticiamiento individual de personas cambió a método rutinario y colectivo. Ya los miembros de la hueste llegaban a poblaciones y las barrían enteras, o aparecían en un determinado sitio y, después de ponerlos en fila, como ganado del matadero, acribillaban a jóvenes y viejos, sin reparar en edades.

La participación de los niños, en aquel caudal de vicisitudes y de gestas horripilantes, fue capítulo aparte. Al principio, veíamos, cual espectadores inermes, muchos de los hechos de sangre, pero todavía la cosa no era con nosotros, y eso, por lo menos, como una consolación, nos ponía a salvo, suerte de muralla o frontera entre el universo adulto y el de los menores.

Briceño, ese chico odioso y muy petulante, era precisamente uno de los que orquestaban aquellas fantasías, y lo hizo desde la mismísima entrada del nuevo ejército en la región, desde el día en que trajeron los primeros panfletos y las primeras listas y los pegaron en los muros y paredes. La cosa parecía divertirle. Fue el único al que no le ganó la preocupación durante aquella extraña jornada.

A mí, y al pobre de Wilches, que se la pasaba apesadumbrado y temeroso de su papá, nunca nos vieron participar de esos juegos, y más bien seguíamos con las entretenciones de siempre. Una vez, estuvo un fotógrafo de la prensa capitalina haciendo un reportaje en la región y fijándose impactado, en los juegos de los niños, los fotografió. Esa imagen fue muy extendida y llegó a estar presente en las páginas de los diarios extranjeros. Y, allí, en la distancia, la gente, que cuanto más lejana se encontrara entendía menos y se vulneraba más, se hacía a una imagen bárbara y agreste de nuestras existencias, signadas por la truculencia.

Pero, como era previsible, como suele suceder cuando acontecen las guerras, los niños dejamos un día de estar al margen. Ya la guerrilla había fracturado nuestra paz y nuestros derechos cuando empezó la función con las autodefensas. Primero, incluyeron niños en algunas matanzas. Sin duda, sin piedad, sin atisbo de conciencia o vergüenza. Sencillamente, llegaban a los sitios donde ejercitarían su furia y mataban a todos sin discriminar. Pero no lo hacían con fusilamientos, garrotazos o puñaladas, sino que se refinaron en la perversión. Jugaban con las personas como adolescentes desquiciados, las maltrataban, las violaban, les abrían el cuerpo y (¡me duele todo el cuerpo y toda el alma al contarlo!), sí, había madres encintas, les rajaban el vientre y les sacaban los fetos y los exhibían, como un trofeo infernal, a los otros presentes, que también morirían.

Un día, en el salón de clases, donde, con suma prudencia, los profesores no tocaban el tema de la álgida situación que se vivía, se presentó un enfrentamiento entre Briceño y Wilches que, absurdamente, vendría a agudizar el estado de tragedia en el que deambulábamos. Fue cuando Briceño se burló de la pobreza de Toledo y le dijo que su papá era un sapo, un muerto de hambre bocón y que apenas si servía para limpiarle los zapatos al suyo. Toledo le respondió con furia que su padre era uno de los asesinos que infestaban la región y que era él, precisamente, quien pagaba, con fajos de su bolsillo y erogaciones de su banco.

El par de niños, era claro, repetían lo que a diario escuchaban en sus casas. Esas conversaciones fortuitas y cuasi domésticas en las que los mayores revelan quiénes son y cuál es su posición en la vida. Desde entonces, he pensado que los pequeños deberían ser salvaguardados de aquella energía, que se va metiendo en su corazón y erosiona tristemente su alma.

El cruce de palabras se fue subiendo de voltaje, mientras el profesor trataba de calmar las aguas. Pero no era fácil, porque, aunque menores de edad, lo que andaban sofocando era, nada más y nada menos, que la realidad circundante. En un momento dado, Toledo no pudo más con las afrentas y le lanzó un bofetón a Briceño. Recuerdo que yo vi aquella mano en cámara lenta, como en las películas, y comprendí que el acto trascendería el escenario donde estaba ocurriendo, porque era más, muchísimo más, que una reyerta de muchachos.

A los pocos días, un grupo de las autodefensas estaba bajando con gran despliegue de camionetas y ruido, para buscar a los nuevos condenados de Cardozo y los suyos. Vimos, por una ventana (¡mi madre rezaba!, ¡cómo rezaba, Dios mío!) que hacían muchas paradas, que decían palabrotas y, como era usual, iban gritando, una y otra vez, «ahora van a aprender estos perros comunistas».

Aterrorizados y sin poder hacer absolutamente nada, observamos que llegaban a la casa de Wilches y a la de Toledo y tumbaban las puertas. Y al poco rato, entre llantos y súplicas, encabezadas por las mujeres, nuestros amigos, nuestros compañeros, eran sacados a la fuerza, entre improperios y empellones. En ese momento, volví la vista hacia el rostro de mi padre y pude percatarme de que estaba transparente, con un intenso gesto de angustia, desesperación y rabia. De seguro, recordaba su fe y su apoyo a los paramilitares en el principio de su accionar. Unas palabras fuertes salieron de su boca, con algo de plegaria y algo de confesión: «Estos miserables los van a matar».

Yo no quería dejar solos a mis amigos, de manera que me escurrí con sigilo, cuidándome de que mi madre y mis hermanos no me vieran, y, de un momento a otro, ya me encontraba en la calle, donde imperaban la confusión y el caos. La soldadesca de los paras era la encargada de adelantar la jauría, echar abajo puertas, romper vidrieras y ventanas. Los superiores, encabezados por el comandante Cardoso, que se había presentado y se pavoneaba en la mitad del desastre con el orgullo del hombre meritorio que se frota las manos después de haberse alzado con un premio a su tarea, recibían a los capturados y se encargaban de vejarlos, golpearlos, destriparles las caras, abrirlos como se hace en las famas con los bueyes y los cerdos, y seguirlos insultando después de muertos.

Tuve ganas de gritar cuando vi la sangre corriendo por las calles. Un río, un río de sangre... Quiero decirlo suavemente, con el respeto y la devoción que la frase merece: entre esa sangre estaba la de los Wilches y la de los Toledo. ¡Que Dios los tenga en el paraíso de las víctimas!

Y aquí viene un hecho bien curioso, que muchos, al escuchar que lo cuento, no lo creen, lo ponen en duda, lo achacan a la impresión perpetua que me dejaron los hechos. Yo caminé por entre la soldadesca paraca y hasta seguí a esos hombres torvos mientras ejercitaban su tarea de sombras. Incluso, estuve parado al frente del comandante Cardozo mientras despotricaba y daba órdenes insensatas. Lo escuché decir que «a los niños me los pelan, que esos cabrones son futuros guerrilleros»; vi cuando él mismo se encargó de dar ejemplo con algunos, y lo escuché resoplar, como una bestia que empieza a extenuarse. Pero nadie, absolutamente nadie me vio. Fue como si la Providencia me hubiese dado la gracia de ser, por una vez en la vida, del todo invisible. De seguro, para que alguien contara ese infierno, para que alguien pudiese atestiguar después contra los homicidas.

La matanza terminó cuando clareaba un nuevo día. Allí, cansados de exterminar, los miembros del bloque de autodefensas se volvieron a montar en sus autos y emprendieron la marcha. Algunos estaban somnolientos, no faltaban los que bebían los licores saqueados y estaban ebrios, otros bostezaban perezosos como lo haría cualquier celador al final de su turno, y muchos bromeaban y planeaban celebrar esa misma noche, con la sangre todavía fresca sobre sus uniformes.

Durante todos estos años, he vuelto a pasar esa obra de teatro perversa y desembarazarme de la carga de miedo y pena que sembró entre quienes vivimos los hechos escabrosos. Esos de mi tierra y todos los otros.

Yo, por mi parte, decidí no hundirme y, por el contrario, aguzar mi inteligencia, mis dones y mi alma para colaborar en el esclarecimiento de aquel periodo. Me hice abogado, defensor de víctimas, reconstructor y sabueso de hechos. Y he testificado en numerosos juicios, sintiendo que con esto les hago un homenaje a los Toledo, a los Wilches, y a todos los otros.

Cuando salió la noticia de que habían matado a Cardozo, y que su verdugo fue precisamente uno de los suyos, traté de no alegrarme, para no parecerme a la gente como él.

Un par de aguardientes, tomados de dos empujones, y una pequeña sonrisa fueron mi despedida.

ROMANCE NOCTURNO

ERA UNA NIÑA DE PUEBLO y, la verdad, no muy enterada de las cosas del mundo. Desde temprano, me había ganado una vanidad insufrible que a los niños más astutos les resultaba chocante. Preciosa no era, ni tampoco la más agradable, pero así estaba conforme y, desde siempre, me consideraba la reina del pueblo. Mis padres nunca se dieron cuenta de mi talante caprichoso y se divertían con mi repelencia. No había día que no estuvieran ocupados, trabajando para mantener a cuatro hijos llegados al mundo uno detrás del otro. Tenían una dulzura en su piel, no eran de mimos (¡nadie por allá expresa de esa forma lo que siente su corazón!), sino más bien de silencioso apoyo y discreta solidaridad. Yo estoy segura de que habrían hecho lo imposible para salvarnos de cualquier adversidad. Sin embargo, la que se nos presentaría era tan fuerte que ni todos los recursos habrían servido de nada.

Me llamo Juliana Osorio, y para la época en que empieza este relato tendría a lo sumo diez años. Soy de una región muy bella y muy fría, que es todo montes y paisajes ocres. Región cuyas estampas han sido comparadas con las de ciertas zonas de Europa. Un mundo de apariencia gentil, pero también duro y cortante. Allí, la realidad se expresa en crisis, asonadas y desesperanza. Es el Cauca, un departamento que ha tenido, al mismo tiempo, presidentes de la República y poetas, latifundistas millonarios, gente de vida principesca y labriegos que deben levantarse a trabajar.

La guerra de guerrillas ha sido allí prolongada, y los propósitos que la hicieron nacer se tergiversaron y se perdieron con la llegada de la hoja de coca, que invadió en un dos por tres los campos y los sembradíos, una vez el negocio de la droga adquirió su funesta estelaridad. Los nombres de los grupos que actuaron en nuestra tierra fueron varios: ELN, FARC, EPL, M19... Todos ellos se refugiaron en nuestra región y pusieron sus atrocidades y sus velorios.

El secuestro de niños no fue, en un principio, parte de su accionar ni tampoco una práctica que los alzados en armas encontraran legítima. Pero con la distorsión traída por el narcotráfico se abrió una puerta horrible, que legitimaba cualquier cosa con tal de hacer efectivo y funcional el gran negocio internacional de los estupefacientes. En un comienzo, por lo menos, uno sabía con quién hablaba —guerrillero, traficante, militar, autodefensa—, pero como todo empezó a mezclarse, llegó el día en que hubo que adivinar para determinar quién se tenía al frente.

A mí me secuestraron en los linderos del pueblo, un atardecer helado, cuando paseábamos por la montaña recogiendo hierbas y flores para una clase de historia. La persona que nos conducía era la señorita Emilia Gallardo. No puedo olvidar el gesto de pánico que le subió a la cara cuando apareció en nuestra ruta una columna de los subversivos. Pensamos que pasaría de largo, pues esto solía ocurrir, pero de pronto se detuvieron, después de una señal de quien los dirigía.

Se aproximaron y saludaron brevemente. La señorita Gallardo fue llamada por el encargado, quien a la postre resultó ser el comandante Forero, un regordete con una curiosa expresión, en la que se combinaban, a mi juicio, la ira contenida y un miedo avergonzado. Los niños mirábamos sin decir palabra. Apenas algunas risillas de los más traviesos, que no llegaban a comprender la densidad del instante. Y solo lo comprendimos cuando la señorita Gallardo estalló en llanto, en un llanto ensordecedor.

—Los niños no... por favor, comandante... se lo suplico... tenga piedad... recuerde que usted también tiene hijos —y lloraba desconsoladamente.

El comandante Forero trataba de callarla, con fastidio, y hasta creo que llegó a golpearla. Un golpe suave en la mejilla, casi que irónico. Y le decía: «Es por la revolución, maestra, es por la revolución... con nosotros van a estar mejor, piense que la causa los formará, que les ofrecerá una moral y les hará ver con claridad la realidad».

La pobre, desesperada señorita Gallardo, rogaba, una y otra vez, que se la llevaran a ella, que partiría monte adentro con tal de que no nos tocaran. Y, entonces, después de un bufido grotesco de exasperación, el comandante Forero le gritó: «Vieja hijueputa, por andar jodiendo y armando alharaca también me la voy a cargar».

La profesora, en el último arresto de fuerza, le gritó que no le importaba, que se la arrastraran, que ella ya era una persona hecha y derecha y tenía una vida vivida, pero que meterse con los menores era una vileza y un acto repudiable. Finalmente, entre dos miembros de la soldadesca guerrillera, la maniataron y redujeron, tapándole la boca. Y, entonces, Forero se acercó a nosotros y nos miró de reojo. De todo había en aquella mirada menos fervor revolucionario. Era una piltrafa y mientras nos auscultaba era fácil notar que en realidad era presa de los sentimientos más ruines: lujuria, venganza y perversa satisfacción del poder.

Yo quedé entre los niños que seríamos «reclutados», según la expresión que utilizaba este guerrillero y que los otros, de menor rango, repetían como loras. También tomaron a dos niñas y dos niños más, de los que jamás he olvidado sus apellidos: Tatiana Álvarez y Claudia Caicedo, ellas; y Juan Grueso y Alejo Ordoñez, los varones.

La señorita Gallardo acompañaría a la columna guerrillera del comandante Forero. Recuerdo que caminamos bastante y muchos pisaban la tierra llorando.

Sangre y memoria

No podría saber cuánto tiempo caminamos ni cómo resistimos semejante ruta, cuando ninguno de nosotros superaba los doce años. Lo cierto es que de pronto vimos aparecer el campamento en nuestra ruta. Un montón de chozas camufladas, con un estadero en un costado, donde ardían leños y se iluminaba con antorchas. Una imagen no precisamente desagradable, que disfrazaba muy bien lo que ocurría en aquel improvisado escenario.

Esa noche, ateridos de frío y con un hambre voraz, apenas nos sirvieron pedazos de carne, arroz viejo, papas saladas y agua de panela. Los niños, incluso los más bromistas, habían perdido por completo las ganas de hablar, y más aún las ganas de sonreír. Habría sido casi imposible tener un pensamiento bueno en aquella fecha y lugar. Súbitamente, nos habían barrenado la felicidad, y, sin que tuviésemos conciencia, nos despedíamos de la niñez. La inocencia, la tibieza y bondad de la infancia ya ocupaban, para nosotros, un lugar del pasado.

Dormimos profundo, y ni las voces de la soldadesca guerrillera, que se quedó hasta bien tarde jugando y bromeando, fue obstáculo para que nos fundiéramos. En la suerte de tienda en la que nos «hospedaron», no había otros pequeños ni jóvenes. Aunque la situación ya era espantosa y las condiciones a las que esos guerrilleros sometían a un grupo de menores distaban de cualquier consideración, lo peor estaba por llegar. En aquel infierno aparecían a cada minuto nuevas situaciones.

Fue en la mañana, cuando al despertarme deseé haber soñado los hechos de la noche anterior, cuando mi conciencia de niña se sintió abrumada. No, aquello era bien real, estaba sucediendo y no terminaría pronto...

A las tres semanas de vernos por primera vez, Jacobo y yo concebimos la idea de fugarnos. No era un asunto fácil, pero era el único camino si no queríamos morirnos de violencia, de cansancio y de maltrato. Nos lo dijimos despacio, mientras nos besábamos bajo las estrellas en una noche de guardia.

Las motivaciones, y doctrina de los secuestros de niños por parte de los sublevados, eran discutibles, y no falta quien postula que ellos llevaron a la perdición cualquier proyecto humanístico más o menos tolerable, ni quienes, activados por el oscuro prontuario que estos dejaron tras de sí, declaren que esa práctica ominosa era puro sadismo. El hecho cierto es que fue un elemento repetitivo en el conflicto, que dejó aterradoras cifras que hoy me son familiares. Cifras de las que yo era, a partir de mi secuestro, arte y parte, aunque me produzca escándalo y vértigo.

La mañana nos sorprendió, pues, en aquel campamento escondido entre las montañas del Cauca. Calculo que allí debían cohabitar y planificar sus gritos de batalla unos ciento diez o ciento veinte combatientes de los dos sexos, y que por cada mujer había tres varones. Entre ellos, a primera vista, existían ciertas convenciones jerárquicas. Estas, sin embargo, se olvidaban durante las muchas celebraciones que tenían lugar en las noches, y en ocasiones hasta el amanecer.

Siempre me pregunté, durante el tiempo infinito de mi estadía entre aquellas tropas, cómo se sacaban fuerzas para tanta actividad. Del alba a la medianoche, había movimiento, fragor y, sin embargo, aquellos desdichados guardaban alientos para el esparcimiento. Y uno cantaba y el otro hacía bromas y aquel se las picaba de contorsionista y el de más adelante leía sus cuentos y sus poemas. Yo llego hoy a la conclusión de que todas las personas que toman parte de una guerra frontal, sanguinaria y de nunca acabar, tienen en el fondo mucho miedo y que, por supuesto, hay que disimular. Y entonces se finge, mediante ágapes de todo tipo, la evadida dicha.

Jacobo fue parte de otro secuestro, perpetrado unos días antes del nuestro. El *modus operandi* fue muy similar y en su caso se tomaron diez rehenes: seis adultos y cuatro niños. Jacobo tenía apenas doce recién cumplidos y era hijo de unos carpinteros de la región, muy famosos por sus mesas y sillas bien labradas de estilo colonial. Gente trabajadora que ha logrado algunos pesos, pero nunca pudiente y menos aún millonaria. Él les ayudaba algunas tardes y los fines de semana, y con eso lograban subsistir.

El día que lo agarró la guerrilla estaba recorriendo una montaña, que es muy popular porque en ella se encuentran unos límpidos riachuelos y pozos en los que, si hace un clima propicio, los muchachos se arriesgan a zambullirse. Jacobo era de aquellos temerarios que se lanzaban al agua sin dudarlo.

El grupo, como ya lo dije, estaba compuesto por seis adultos —gente joven, volantones de no más de veinticinco, y cuatro niños—. Estaban precisamente a la orilla de un pozo contemplando la opción de darse un baño, cuando apareció el piquete guerrillero. La transacción fue similar a la que nos tocó a nosotros en suerte, y fue un estudiante de último grado de bachillerato, de nombre Jaime Alberto, el que palabreó el asunto. Se trataba del más locuaz y el más preparado de cuantos iban en el paseo, pero, al igual que con nosotros, el comandante del cotarro insurgente tampoco tuvo oídos ni comprensión para desistir de su empresa. También terminaron en el campamento.

La primera vez que vi a Jacobo me llamó la atención por su aspecto desamparado y bello. No se parecía a la mayor parte de los muchachos de su edad, era como si una extraña fuerza o alguna inconfesada vivencia lo hubiesen hecho madurar de otra manera. Sus ojos estaban siempre inquietos, registrando el entorno, pero jamás se les veía asustados, y su moverse, lento, tenía algo así como una majestad.

Pero las primeras veces no hablamos, solo nos mirábamos, y fue suficiente —por lo menos para mí— para sentir que una llama se empezaba a encender y lanzaba una tibieza protectora sobre mí, que en aquellas circunstancias obraba de manera curativa y milagrosa.

No nos hicimos amigos al principio, apenas si nos sonreíamos y nos saludábamos, pero yo sé que estábamos sintonizados con el pensamiento. Esas cosas que los estudiosos y los psicólogos llaman afectivas tienen mucho de magia y de embrujo fascinante. Lo cierto es que, cuando vine a darme cuenta, pasaba buena parte de mis noches, allí en el campamento, pensando en Jacobo, fantaseando con conocerlo bien y haciéndome cantidad de preguntas sobre la forma que utilizaría el destino para aproximarnos.

Entonces apareció Talero —¡el dichoso comandante Talero!— en nuestra vidas, con una fuerza malsana, como la intrusión de lo azaroso y perverso en una vivencia que, pese al lugar donde nacía (o tal vez merced a ese lugar), no era menos que afortunada.

Talero era un indio caucano, con aquella tez oscura en la que se fusionan procedencia y arduas jornadas de trabajo al vaivén del viento, la lluvia o el sol, cabello muy prieto y oscuro, mirada atemorizante, y un cuerpo pequeño que iniciaba su camino hacia la gordura. Era de los comandantes que más influencia ejercía y sus opiniones eran bien acogidas en el grupo de violentos.

Debo decir que aquel campamento era de los más grandes que se habían fundado en el Cauca y, en todo el país, y que en él había una organización drástica y unos reglamentos que se parecían a camisas de fuerza y que estaban liderados por varios comandantes. Uno se encargaba de las «salidas a terreno», que no eran otra cosa que enfrentamientos y asaltos con el Ejército; otro tenía como misión la llamada «penetración civil» o, mejor dicho, el hostigamiento, vacunas e inteligencia a campesinos, habitantes, ganaderos y comerciantes de las poblaciones cercanas; y un par de ellos hacía el oficio más turbio, al que llamaban «pescas, rutinarias» y «pescas millonarias», que designaban las avanzadas en busca de gente a la que secuestrar, entre ellas, los niños. También había unos que se consagraban a la logística del campamento, es decir, a los mandamientos disciplinarios que permitiría la salud y perduración de aquella suerte de «sociedad secreta» erigida en medio de las escarpadas y duras montañas.

Talero era de estos últimos, y la brega que prefería era la de organizar a los jóvenes y niños. Estos requerían, desde la óptica insurgente, de un adiestramiento (yo ahora lo llamo «lavada y reorganización de cerebro»), de unas reglas de juego y de la creación de oficios y tareas por realizar por los pequeños y los adolescentes.

En cada orden, aparecía en Talero cierto amor al sadismo, cierta satisfacción en verse engrandecido y capaz de jugar con el destino de los secuestrados. Se quedaba observándonos, bien lo recuerdo, como esperando cualquier comentario o protesta para entrar a castigarla. Y así, en la mañana podía ocurrírsele correr una reja (en el campamento había varias) y en la tarde, proferir la orden contraria, o sea, la de regresar la reja a su sitio original, y en cualquier caso se debía cumplir.

Talero, además, nos daba instrucciones en varias materias que la guerrilla consideraba por entonces fundamentales para «sus cuadros», como llamaban a quienes entraban en contacto y comunión con el mendrugo de ideología que aún subsistía en sus filas. Había aprendido, se notaba, las bases doctrinales del marxismo-leninismo que originariamente cinceló y dio coherencia al accionar subversivo, pero las repetía de manera mecánica, como los viejos profesores de colegio ya hartos de las mismas palabras, repetidas por una eternidad de años.

Lo recuerdo frente a la pizarra, y también recuerdo que fue en el curso de alguna de aquellas clases cuando me percaté por vez primera de que su mirada se tornaba extraña, perdida, viscosa, cuando se detenía en las niñas. Era como si por un instante su cabeza se quedara vacía, las manos podían detenerse y la lección que daba se fracturaba y se perdía. Soy muy sensible a esta suerte de percepciones, y me parecía que el guerrillero duraba una eternidad en silencio y que imaginaba toda clase de cosas. Era cual si se fuera de viaje y regresara. Y ese viaje era, sin duda, la compañía imaginaria de alguna de nosotras.

A mí me llenaban de pudor y fastidio aquellas incursiones de los ojos de Talero en la presencia de sus adoctrinadas, pero después lo olvidaba y hasta creí por momentos que todo respondía a una travesura de mi imaginación.

La suerte quiso que Jacobo y yo debiéramos compartir algunas de las tareas que se nos imponían en el campamento. A medida que avanzaban las semanas, los comandantes recortaban la distancia marcial que los dividía de nosotros, entraban en confianza, memorizaban nombres y capturaban los matices de adultos y de chicos, y a partir de ahí asignaban faenas domésticas, agrícolas o de oficina entre sus capturados.

Jacobo y yo compartíamos cierta orientación maestra en el monte. Con gran facilidad nos ubicábamos, y esta es una cualidad que en la mayoría brilla por su ausencia. Pronto, al percatarse de quienes tienen esa virtud, son transformados en centinelas, lazarillos. Y a nosotros pronto nos pusieron a montar guardia en la noche. No porque creyeran que ya éramos de los suyos y no escaparíamos, sino porque en los lindes del campamento había un anillo de seguridad infranqueable. A veces me he preguntado el motivo de poner a jovencitos como vigilantes existiendo hombres adustos y curtidos haciendo la tarea, y la única explicación que encuentro es que se trata de una secreta lógica que apenas los subversivos saben comprender.

Éramos niños, pero también muy astutos, más que la mayor parte de los adultos, y entendíamos que cualquier tentativa de fuga se pagaría muy caro, seguramente con la vida. La felicidad con la que soñábamos, además, ya era vernos, reconocernos y ahora aproximarnos, al punto de que, si uno de nosotros hubiese encontrado la forma de marcharse solo, no habría tomado las de Villadiego.

Hicimos varias rondas nocturnas (así las llamaban los comandantes) y en ellas nos hicimos amistosos. Hablábamos, pero con gran sigilo, casi balbuceando, pues el exceso de charla estaba mal visto y era otra de las contravenciones que aquellos hombres no toleraban.

Fue una noche que, creo recordar, estaba coronada por una luna inmensa y brillante, cuando nos besamos. Ignoro si era la primera vez que Jacobo lo hacía, pero para mí sí se trataba del beso inaugural de mi existencia amorosa. Fue un impulso, un rayo de electricidad inevitable, un mandato que parecía bajar del mismísimo cielo. Nos miramos intensamente y unimos nuestros labios con pasión. Solo eso, y no duró demasiado. Sabíamos que aquello no estaba permitido en aquel lugar y frente a semejantes personajes, y, aunque placentero, aquel beso tuvo mucho de vértigo y de miedo.

Pero fue el minuto más dulce que pueda recordar...

Por aquellos días, las miradas del comandante Talero me empezaron a parecer una afrenta silenciosa, una especie de amarga saliva que se pegaba a las niñas y después era difícil de lavar, y que ni el baño con agua helada quitaba. Y lo peor, cualquier tarde, mientras repetía su cantinela insurgente, Talero puso su mirada en mí, justo en mí. Borró a las otras presentes y, como si me hubiese encerrado en una celda construida por sus ojos lascivos, estuvo rozándome de manera tan lenta como repulsiva. Fue como una bofetada para mí, al punto de que estuve tentada a desafiarlo y preguntarle qué le estaba sucediendo. Claro está, pronto primó el sentido de conservación y me abstuve de semejante arrojo tan suicida.

Lo comentamos con Jacobo la siguiente vez que nos encontramos en la guardia. Él tuvo, entonces, un gesto que me invadió de dulzura. Se puso muy pálido primero y después su rostro se encendió como el de un chicuelo al que acaban de ofender. Recuerdo que lanzó un alarido que resonó en todo el monte, y que hasta tuve que taparle la boca para que no lo repitiera. De milagro, y aunque el eco del grito fue como una oscura música recorriéndolo todo, nadie determinó que se tratara de lo que se trataba, y quien lo haya escuchado de seguro lo confundió con los otros muchos sonidos de la noche.

Jacobo estaba enamorado de mí, definitiva, tierna y absurdamente. En eso me fui pensando cuando terminó la ronda y debimos separarnos. Mientras me metía a mi cama desapacible y dura, era como una quinceañera prendada y trabajada por las más fascinantes historietas románticas, y casi ni pensaba en los pormenores viscosos que produjeron su reacción. Recuerdo que dormí plácidamente y soñé toda la noche con viajes en globos y con un mar que no era azul sino amarillo, tan amarillo como un lingote de oro.

En los campamentos de la insurgencia colombiana, quienes se encuentran retenidos no tienen acceso al mundo de afuera. Los comandantes no permiten que sus secuestrados se enteren de cómo están las cosas. Mucho menos, que vayan a ubicar si existen avances y operativos trepidantes del Ejército sobre sus guaridas o si se ha dado algún golpe definitivo a un frente.

Pero una extraña psicología va trabajando a las víctimas. Aprenden a reconocer cómo están las cosas para la guerrilla con tan solo observar el ánimo de los subversivos. Si estos aparecen con festiva actitud, llenos de ánimo y hasta suavizando su talante feroz, es que las cosas están saliendo bien para su organización y que su campamento no se encuentra en riesgo. Si, en cambio, aparecen con lóbrego estilo, irascibles y nada amistosos, de seguro algún hecho ha jugado en contra de su proyecto y un gambito de sus enemigos sigilosos los ha desangrado.

Así aprendimos a notarlo Jacobo y yo, y hasta inventamos una seña imperceptible con los ojos, con la que nos decíamos cuál era el panorama. Los recursos nacidos de la adversidad son muchísimos, inteligentes y vivaces, y quien ha estado en alguna situación límite los conserva para siempre.

Claro que los comandantes sí se encontraban informados de todos los pormenores de la realidad nacional. En su estadero había una televisión grande con una señal tolerable y muchos tenían en sus «habitaciones» aparatos de radio, cuyo sonido se escuchaba todo el tiempo, como un coro desapacible llegado de todos los lugares imaginables.

Nosotros tratábamos en vano de afinar el oído para entender. Aquí, un reportero hablaba con el ministro de cierta cartera, allá se podían escuchar los resultados parciales del campeonato de fútbol, y más allá se daban noticias de la economía, del Congreso, del orden público...

También los abusos que se daban dentro del campamento eran diestramente ocultados, a la manera en que en las cárceles los presos de un patio son por completo ignorantes de los sucesos de los otros. La desinformación es parte neurálgica de administrar bien cualquier sitio de encierro y castigo. Si quienes padecen los pormenores de aquellos ámbitos infames lo saben todo, de algún modo están vinculados, están solidarizados.

La libertad y sus fantasmas

Desde el día en que fuimos raptados, nunca volví a ver a la señorita Gallardo. Tampoco a preguntarla, pues pronto entendí que esas inquietudes salen muy caras en un campamento guerrillero. Con mis compañeros, Claudia Caicedo, Tatiana Álvarez, Juan Grueso y Alejo Ordóñez, permanecimos juntos algunos días, pero después nos alejaron. Es una estratagema singular de los raptores (y también, de manera significativa, utilizada por los directores de las cárceles, los reformatorios o los hospitales psiquiátricos): no dejar que las víctimas estén juntas por largas temporadas. Según puedo inferirlo, se hace para que no se establezcan amistades fraternas ni complicidades tácitas, pues estas son caldo de cultivo para las rebeldías y asonadas.

La señorita Gallardo, esfumada como por arte de birlibirloque, volvió a aparecer. Pasaba como un alma en pena, harapienta y desgreñada, con un piquete de adultos que se dirigían montaña adentro. Nos vimos, nos miramos de frente, pero otra vez imperó el silencio. Me aterrorizó su estampa: había adelgazado unos buenos kilos y de aquella maestra rubicunda no quedaba nada. Tenía el cabello convertido en una crencha hirsuta y una palidez intensa y casi luminosa le había ganado el rostro. Sentí pena y unas irrefrenables ganas de llorar, cosa que hice con disimulo, con discreción, apenas dejándome visitar por unas lágrimas furtivas que entibiaron mis mejillas.

Las personas en el campamento aparecían y desaparecían con naturalidad, como si aquello fuera lo más silvestre, lo más lógico. Nunca se sabía qué habían estado haciendo, si se les utilizaba para misiones guerreras o faenas riesgosas y abstrusas. Uno fantaseaba con que los habían asesinado, o con que, en el curso de una reyerta con un pelotón del Ejército, una bala se había cruzado en su camino. También soñábamos en ocasiones que ellos, en un lance audaz y maravilloso, habían logrado evadirse. Pero la verdad es que quienes no volvían eran un misterio.

Jacobo y yo seguíamos encontrándonos en ocasiones y siempre bajo la presencia consoladora del firmamento. Nuestro beso inicial, el que todavía arde en mi memoria, no se repitió. El trabajo del miedo fue superior a nuestros deseos, pues a medida que avanzaba el tiempo notábamos con mayor nitidez que, de ser encontrados, la reprimenda no se haría esperar. Entonces, solo charlábamos y, en medio de aquellas conversaciones, nos mirábamos, hacíamos de la contemplación todo un goce.

Sin embargo, no siempre nos designaban a nosotros dos para hacer la ronda. En algunas ocasiones, para nuestro pesar, se cambiaba el binomio y nos tocaba al lado un extraño, un conocido, un cualquiera. Recuerdo cuánto nos fastidiaba. El comandante Forero, que era por lo general el que manejaba esta logística, hizo que Jacobo saliera a campo con Juan Grueso, uno de los niños que fueron secuestrados conmigo y con la señorita Gallardo. Era el mayor de todos y, por sus modos y su talante, parecía un hombre. Se trataba de uno de esos típicos calavera que muy temprano se ven arrastrados por la música y la fiesta. Aunque, en honor a la verdad, también era deportista y jugaba muy bien al fútbol. Jactancioso, en los tiempos de nuestro pueblo, era uno de mis amigos predilectos y hasta me gustaba un poco. Nos parecíamos en nuestra vanidad.

Pues bien, a Jacobo le tocaba hacer una ronda con Ordóñez, y en el curso de esta sorprendieron a dos hombres que serpenteaban por el monte cual una pareja de espectros. Aunque los intrusos parecían mayores y habrían podido dar cuenta del par de jovencitos con una sola mano, el saber que estaban en territorio guerrillero les atemorizaba y, en lugar de intentar cualquier ataque, se rindieron ante los niños...

Su aspecto era muy caucano: pequeños, macilentos, de facciones duras como labradas en piedra, curiosamente similares a las que vemos en las esculturas de dioses precolombinos; las manos pequeñas y fuertes como garras, y la piel cobriza. Los primeros sorprendidos con su reacción acobardada fueron Jacobo y Ordóñez, pues imaginaron que pasaría todo lo contrario y que les iban a dar un artero golpe. Pero no, sencillamente subieron las manos y se entregaron a nosotros susurrando disculpas y dando un mar de explicaciones.

Les confiaron que eran «raspachines», que es como en aquel mundo se conoce a los recolectores de coca, y, sin que se lo estuvieran pidiendo, les dijeron que llevaban encima unos kilos de «nieve» que comercializarían en el mercado a espaldas de sus patrones. Uno de ellos, que se les antojó solo unos años menor, prácticamente estaba llorando y su vocecita era como una música tediosa y exasperante. Llevaban un kilo y medio de mercancía procesada y la entregaron cerrando sus ojos, como si pensaran que los golpearían.

Era un paquete divinamente empacado que deslizaron hacia Jacobo y Ordóñez mientras reiteraban sus excusas. Después, iniciaron la rogativa para que los dejaran marcharse. Y, entonces, Ordóñez tuvo un acceso de increíble teatralidad. Caracterizado en el rol de un duro centinela, imprimiendo a sus frases la energía de un curtido y duro comandante, les dijo: «Vamos a dejarlos ir para que no les revienten el culo... Por aquí, estas cosas se castigan con la muerte. Serían fusilados al amanecer... de manera que piérdanse y no olviden nuestro detalle».

Los dos raspachines agradecieron con esa sumisión hipócrita que, en ocasiones, despliegan los indígenas, y se echaron a correr perdiéndose entre las sombras, no sin darse topetones contra las piedras y el follaje.

Después, los dos niños se pusieron a mirar e inspeccionar el paquete con la curiosidad que estas cosas despiertan en quienes poco o nada han vivido y que siempre los lleva a investigar un poco. Y Ordóñez, que era mucho más inquieto, ayudado de una rama seca, abrió en el paquete un pequeño orificio. Vieron entonces cómo salía del paquete una delgada línea de un polvillo blanquísimo y de un olor indescriptible y penetrante que ninguno pudo identificar. Después, ambos metieron la lengua en aquella emanación. Coincidieron en su deseo de paladear por vez primera esa sustancia prohibida de la que, por supuesto, habían escuchado hablar toda su vida. Lo hicieron con inocencia, pero únicamente esa vez, pues en las ocasiones sucesivas ya serían conscientes de su tórrida y abrasiva fuerza.

Los adultos lo ignoran, pero los niños tienen una gran capacidad de absorción de la realidad y sus conjeturas alrededor de las cosas que pasan en ella con frecuencia son más astutas y, aunque parezca sorprendente, también más maquiavélicas. Esa noche, Jacobo y Ordóñez hicieron un pacto: conservarían celosamente escondido el paquete con aquella nívea sustancia y después intentarían venderla. Juraron que no hablarían del asunto y que jamás se traicionarían. Esa noche, creo yo, sin darse mucha cuenta, los niños que habían sido, dejaron de serlo.

Al final de la escapada...

Creo pertinente, llegado este punto de mi narración, detenerme un poco a tratar de explicar a los lectores, en especial a aquellos que nunca vivieron el secuestro ni alguna de esas experiencias a las que llamamos extremas, cómo en el cautiverio unos niños maduran en el lapso de unas semanas o de algunos meses. Ese fue nuestro caso y si quien sigue la historia encuentra incoherente que, por ejemplo, unos chicuelos hagan rondas nocturnas de vigilancia, es porque desconoce que, llegado el caso, el calendario de los secuestrados toma un ritmo inédito y sinuoso, que el mundo de afuera desconoce por completo. Nuestra maduración fue como un relámpago y fuimos enfrentados por el drama a una adultez temprana, hecha de días que parecen contener décadas. Yo digo ahora que cualquier raptado sale de su confinamiento teniendo cien o doscientos años.

Talero continuaba agudizando su manera de mirar a las niñas, y esto llegó a parecer cotidiano, familiar e incluso tolerable. Algunas hasta se divertían con sus chanzas de doble sentido, a las que intentaba disfrazar de fraternidad. Yo estaba en el grupo de las que sentían vértigo, repulsión y mucha ansiedad ante tales actitudes.

Pero un día, cuando charlaba con mi amiguita Tatiana, a la que pocas veces veía, nos percatamos de un hecho que nos estremeció: una niña de unos diez años, doce a lo sumo, a la que apenas reconocíamos y con la que jamás habíamos tenido trato, salía de una clase de instrucción acompañada de Talero, que le llevaba un brazo alrededor de la cintura. Nos impactó porque, aunque siempre había miradas e insinuaciones, esta parecía ser la prueba reina de que el horrible comandante pasaría a los hechos, y, como en todo lo que hacía, no iba a dejar de consumar sus planes.

Tal vez la conciencia requiera de una suerte de timbre de alarma para activarse y, desde que tal timbre suena, se percata de un sinfín de cosas, detalles y escenas que antes permanecían inadvertidas para ella. Así, a partir de ese minuto, afloraron actividades y hechos que permanecían invisibles a nuestros sentidos.

Lo de las niñas pareció de súbito una fragorosa actividad de todos los comandantes, y no precisamente una faena evasiva, soterrada y nocturna, sino más bien usual, como parte del organigrama de actividades. También la salida hacia el monte de prisioneros que no regresaban y el reforzamiento drástico de las guardias de los niños, que era una exigencia marcial. En un dos por tres los trataban cual si fueran hombres, a lo que ellos, casi todos muy vitales y listos, respondían madurando de improviso, a los golpes.

A la salida de uno de aquellos dichosos talleres, el comandante Talero me pidió que me quedara. Sentí primero el hielo del terror y luego la quemante llamarada de la ira. Le pregunté para qué me necesitaba y él se limitó a decir: «Ya le diré cuando nos reunamos, niñita... recíbalo como una orden».

Quiso la buena fortuna que al día siguiente nos señalaran una ronda con Jacobo. Era un milagro y, una vez estuve frente a él, no sin sonrojo, le conté del encuentro marcado por Talero y que ocurriría dos días después. Ahora sé que el siniestro comandante tenía toda una agenda para entrevistarse con las distintas niñas, a las que él manchaba con su penetrante y oscura mirada.

Jacobo se puso furioso. Entendió al instante que las intenciones de aquel hombre lleno de poder y abyección no eran más que una condena. Hilvanamos teorías y los dos estuvimos de acuerdo en que intentaría propasarse conmigo hasta el fondo. Jacobo me dijo, entonces: «Esto no será posible, esto no ocurrirá nunca... tenemos que escaparnos, aunque nos cueste la vida».

A mí me pareció una locura inflada por su rabia, pero él me juraba que, fuera como fuera, lo lograría. Estaba encendido y colérico, y a mí, en el fondo, y a pesar de las circunstancias, aquello me halagó y me hizo quererlo mucho más.

Al otro día, la guardia nocturna les tocó a Jacobo con Ordóñez. Ellos lo agradecieron porque, desde el encuentro del paquete de los raspachines, gastaban sus horas planeando cómo, cuándo y dónde lo venderían, una vez recuperada la libertad. Ambos echaban globos, hacían cuentas, se divertían imaginándose millonarios. Hacían muy mal, esa actitud era casi delictiva, pero hay que recordar que eran apenas unos niños madurados por la excepción y a la brava. Además, la posibilidad de que hubiesen tenido que devolver el paquete era nula. Los comandantes guerrilleros, siempre que hacen estos hallazgos, terminan por castigar con severidad a los emisarios o interceptores. Se dice que ellos también roban los decomisos antes de entregárselos a sus superiores (en este caso, el comando central que, absurdamente, está enterado de todos los gambitos de los subalternos, fichas apenas de esta grande y equívoca guerra).

Cuando se encontraron Jacobo y Ordóñez a las afueras del campamento, este último llevaba consigo una bolsita de aquel polvillo blanco, que, desde la ocasión en que lo probó, le resultó fascinante. Jacobo me decía que, en esa primera vez, sin darse cuenta, más bien como automáticamente, ambos se sintonizaron con los efluvios emocionales que les causara la sustancia, que ahora navegaba su organismo. Estaban eufóricos, emotivos, repentinamente llenos de vitalidad y desbordado optimismo.

Ordóñez, no sé si de manera juiciosa y racional, abrigaba el deseo de repetir la experiencia. En los días anteriores no había pensado en otra cosa, y así se lo comunicó a Jacobo. Este, según me lo contara luego, también se sintió seducido por la idea, que varias veces picara su deseo. Probaron a introducir el polvillo blanco por sus fosas nasales. Ordóñez, a tan corta edad, había visto un par de veces a su hermano mayor ejecutar la ceremonia, esa que, como en un juego de espejos, se repite al infinito en todos los lugares del mundo, y que es la responsable de todos los problemas mundiales de narcóticos.

Soplaron una vez, esperaron que pasara tiempo, e, ilusos, creyeron que nada les estaba pasando, y hasta se burlaron del prestigio de aquel fármaco.

Pero empezaron a hablar más de la cuenta, como si la lengua se moviera sola, como si se convirtiera en una serpiente hechizada. Y, de nuevo, pero ahora con mayor fuerza y superior ahínco, los invadió el optimismo, los deseos de vivir y de hacer cosas. Estaban drogados hasta el tuétano, pero no se daban cuenta. Después supe que aquel polvillo blanco era nada menos que cocaína, y me enteré de que tenía una altísima pureza, de casi el ciento por ciento, pues era mercancía de exportación.

Y, entonces, como si un rayo revelador se apoderara de él, Jacobo sacudió a Ordóñez, mientras le decía: «Hermano, aprovechemos esta noche y semejante confianza para fugarnos... con la fuerza que tenemos nadie será impedimento ni podrá detenernos... yo creo que es la hora propicia... además, a mi Juliana, el asqueroso comandante Talero la tiene sentenciada y quiere abusar de ella; pienso que es cuestión de días para que lo logre... vamos... escapémonos de una, aprovechando la noche y esta fuerza loca que sentimos».

Las palabras medio chifladas impactaron la psique exaltada de Ordóñez, que terminó por hallarlas legítimas y sensatas. Ambos soñaron brevemente con retornar al mundo de afuera, a la libertad que se les había vedado. Tomaron fuerzas y se decidieron, abandonando la guardia, metiéndose en el campamento como dos libertadores menudos y escabullidizos.

Lo que sigue parece sacado de un *filme*, de la narración de un inspirado relator oral. Los dos niños —o exniños, mejor— atravesaron las guardias (sin que ninguno de los centinelas se percatara en lo absoluto); pasaron frente al estadero donde los comandantes en pleno (entre ellos, el aborrecible Talero) los divisara; llegaron hasta su cambuche y recogieron algunas pertenencias (pocas, pues sabían que el camino sería indómito) y llegaron hasta mi lecho, donde, haciéndome señas, me indicaron que me levantara y me fuera con ellos...

El absurdo que en ocasiones impera en la vida nos lo permitió, como si hubiésemos sido criaturas invisibles, y como por arte de magia: cuando nos dimos cuenta, ya andábamos en el monte, tropezando con las piedras, cruzando ríos, deteniéndonos apenas para respirar profundamente y continuar el camino...

Dios, o la Providencia, nos habían secundado en esta empresa que nadie en la historia de aquel campamento había hecho nunca y que nadie haría jamás hasta su desmantelamiento. Yo digo, en aquella ocasión, cada uno de nosotros llevaba por lo menos tres Ángeles de la Guarda en sus hombros.

Al amanecer, vimos, con el corazón galopante, las luces de una población, y esa población era precisamente la nuestra. Sin guía, la noche propicia nos había conducido.

La gente que conversaba en los pórticos, la que caminaba por las calles, la que empezaba a abrir los tenderetes, las bodegas o las carnicerías, vio con asombro la aparición en escena de tres adultos. Se parecían a unos niños que algún tiempo atrás habían desaparecido de manera misteriosa en compañía de una profesora de apellido Gallardo.

HIJA DE LA PAZ, hija de la guerra

Margarita Lozano, caucana e indígena, hija de una pareja de agricultores, vivió de cerca, y sin atemorizarse ni arruinar su vida, una de las formas más crueles y groseras de la incesante violencia colombiana: la del acoso, abuso y delito sexual.

Pero, como sucede con todos los relatos de este libro, su aventura extrema estuvo tocada por la excepción y no vino simplemente a sumarse a los miles de otras similares que, en síntesis, se transforman en meras estadísticas.

AL SARGENTO PARRA LE GUSTABA abusar de niños y niñas por igual: era su diversión, y lo hizo durante años sin que pasara nada. Sencillamente, ponía el ojo encima de uno de ellos y se las agenciaba para que tuviesen que ir a visitarlo. Lo hacía de frente, primero, pero cuando empezaron a hablar de los diálogos y las negociaciones que el Gobierno adelantaba en La Habana sintió temor y, como si presintiera que sus «fiestecitas» podían estar cerca del fin, se tornó acelerado e insaciable.

Los padres de los pequeños de la región, que sabían de la macabra gula del hombre, escondían a sus hijos para que no fuera a verlos y, con frecuencia, no los dejaban salir de paseo, ni a jugar ni a bañarse en el río.

Su mala fama era leyenda, aunque la soldadesca, cuando departía en las mesas de los billares, acostumbraba a bromear con sus fechorías. Contaban las historias de sus fiestas, de sus lances y, acto seguido, reventaban de risa, cual si todo aquello fuese una maravilla.

Fue en una brigada militar de un sitio cuyas coordenadas voy a reservarme. Pero daré una pista grande al decir que la mayor parte de la población en aquellos lares es indígena y que, por esa condición de diferencia, ha sufrido injusticias y no pocos vejámenes. Aunque dicen que ya estamos en tiempos de paz, allá las cosas siguen como siempre, pero ahora sin la presencia del dichoso sargento.

Por los días del sargento Parra, yo, Margarita Lozano, tenía apenas catorce años y, aunque estudiaba en la escuela, lo que más me gustaba eran las tareas del campo. Gozaba atendiendo vacas, puercos y gallinas, sembrando papas y legumbres, desguazando la maleza y hasta haciendo los oficios caseros de nuestra pequeña finca. En mi casa vivíamos mis padres Jorge y Margarita, y mis hermanos menores Jorge Humberto y Nicanor.

El batallón donde Parra fungía como autoridad estaba destinado a convertirse en noticia, y los hechos que allí sucedieron son ahora parte de investigaciones y pesquisas, la mayoría de las cuales nunca ha llegado a conclusión satisfactoria.

Se decía que estaba allí, erguido, como una horrible mole de piedra infranqueable, y no faltaba quien al rondarlo se santiguaba y decía sus oraciones. Producía una mezcla curiosa de miedo y respeto, y, en las mañanas, los gritos y lemas de guerra que proferían sus soldados en el curso de los entrenamientos semejaban a los de una gran tribu que se alista para marchar a las más sangrientas refriegas.

Un buen día, en el pueblo, fuimos a hacer mercado con mi mamá y mis dos hermanos. Eso pasaba una vez cada dos o tres semanas. Cuando salíamos de hacer las compras, nos encontramos con un piquete de soldados que encabezaba el mismísimo Parra.

Era domingo, y ese día estaba marcado como de alta peligrosidad por los habitantes de la región, especialmente los que eran indígenas, porque casi todo el cuartel salía de permiso, a divertirse y apurar todo el trago y fumar todos los cigarrillos. Pasar por entre las mesas de uno de aquellos sitios resultaba embarazoso, por decir lo menos. Los soldados y sus superiores eran groseros, morbosos y como a la espera de una señal para hacer locuras.

Margarita, mi mamá, era una mujer callada y tenía como únicas prioridades en la vida sacar adelante a sus hijos y cuidar a su marido, quien, después de haber sido un tanto díscolo al iniciar su matrimonio, se había aplomado por completo. Eran solidarios el uno con el otro y entre ellos existían las conversaciones, la amistad y la camaradería, que no le donaban al mundo de afuera.

Aunque no soportaban al dichoso Parra, sí acostumbraban saludarlo de manera formal y hasta se detenían al encontrarlo y cruzaban algunas palabras con él. En aquella ocasión no fue distinto. El sargento parecía amedrentarse un poco ante ellos y se portaba en esos encuentros casuales como todo un caballero. Destilaba una formalidad que en realidad no tenía y que, desde mi punto de mira de infante, se me antojaba forzado y postizo.

—¿Cómo van las cosas por esa finca? —dijo el sargento Parra, mirándonos mientras hablaba—. ¿Estará buena la cosecha dentro de cuatro meses?

Mi madre lo miró con respeto, pero con formidable distancia. —Estará bien, sargento Parra, gracias; el tiempo nos ha favorecido.

—Y poco bajan al pueblo, por lo que me he dado cuenta —nos observó a los niños, con detenimiento, como en esas cámaras lentas que usan en las películas—. Los niños están muy crecidos... Son tres nada más, ¿cierto?

—Tres nada más —repuso mi madre, al tiempo de dibujar una leve sonrisa—. Carlos, Luis y Aura. —Y nos movió con suavidad hacia adelante—. Niños, saluden al sargento Parra.

Cuando uno está llegando a esa edad indefinible a la que llaman adolescencia, aparece la intuición. Y yo, mientras el sargento Parra nos saludaba corriéndose un poco la gorra militar, sentí el avance de la desazón. Sus actitudes eran teatrales y los buenos modales le resultaban extraños, familiarizado como estaba con otras formas muy distintas de comunicación.

—Está querida la niña... Grande y bonita —le dijo a mi madre, mientras pasaba su mano por mi cabeza. A mí, guiada, como ya dije, por la intuición, aquello me resultó desagradable.

Mi madre, dueña de sí y maestra en sortear situaciones chocantes o poco placenteras, se limitó a agradecerle con un gélido movimiento de cabeza. Haciendo que nos despidiéramos, nos emplazó a continuar el camino.

La madriguera del enemigo

Los diálogos de paz avanzaban ya en Cuba, y aquello llegó a nuestras montañas, como tantas otras cosas, en forma de telegrama violento. Allí hubo un activo quehacer guerrillero del que, felizmente asilados en nuestra finca, muchas veces apenas si nos enterábamos. Una toma allí, un bombazo al Ejército acá, algún encuentro dramático con mucho plomo más adelante. No eran los estampidos de una gran guerra.

El sargento Parra fue, a decir de la institución militar, un héroe de aquellas jornadas. Eran conocidas sus incursiones a medianoche para, como lo repetía cual cantinela, «hacer caer al ratón en su escondite». La inyección de ánimo guerrero que ponía a circular en el torrente sanguíneo de la tropa y sus imprecaciones temerarias. Todo lo que, desde la óptica del Ejército, resulta formidable en circunstancias como las que se vivían.

Cobraron varios triunfos altisonantes, dieron de baja cabezas «cotizadas» de comandantes claves para la guerrilla y marcharon, tiznados los rostros, con el orgullo del honor cumplido. Esos hechos, sin embargo, le sirvieron a Parra para que, cuando empezó a ser denunciado por sus nutridos casos de abuso y excesos aterradores, los superiores hicieran caso omiso y respondiesen encogiéndose de hombros: «Pero ¿cómo lo vamos a retirar, castigar o cambiar para otra zona?

La marihuana, el alcohol y la cocaína eran sustancias más que corrientes para la soldadesca, y para el sargento Parra, que tenía una bien guardada afición por cada una de ellas. Se decía, en tono de chanza, que era resistente como el que más y que, metido en gastos, era capaz de correrse una juerga de tres o cuatro días, con sus noches, en la que aquellos «jugueticos» entraban en escena. Los muchachos de la tropa lo tenían como un coloso: el héroe borracho, el patriota drogadicto.

Así las cosas, el día en que llegaron a la finca, en medio de una tarea rutinaria, uno de aquellos patrullajes con los que decían proteger la zona, los rostros de mis padres se tornaron dramáticos, como si los dos presintieran el peligro.

Encabezando el grupo estaba el sargento Parra, que venía muy alterado y sudoroso cual si acabara de participar en una reyerta de largo aliento, y, saludando formalmente, pasó a reclamar comida y bebida, en un tono que dejaba entrever que aquello no era una solicitud sino una orden. Mi mamá lo miró con ese equilibrado y formidable estilo suyo, y le dijo que, aunque no estábamos muy holgados, vería cómo preparar algo para que llevaran para el camino.

—No, mi señora —dijo el sargento Parra—. Nosotros no queremos comida para llevar. Lo que deseamos es una merienda preparada en estufa y con todas las de la ley; una con todos los fierros —se quedó observándola y era como la expresión de una criatura que aguarda a ser complacida.

—Imagino que la doña no tendrá problema con ayudar al glorioso Ejército de Colombia.

—No señor..., por nosotros no hay problema...; ¿cuántos son ustedes?

—Pues, ahí está el problema, doña, porque somos nueve —repuso el teniente, y sus palabras iban creciendo en mensajes subterráneos, en telegramas cifrados.

Mi madre le dijo que ya vería cómo preparar algo. Mi padre, a su vez, siguiendo las formulaciones diplomáticas de su mujer, vino e invitó a Parra a sentarse a la mesa y tomarse un tinto con él.

Los hechos que siguieron fueron muy oscuros, muy raros e impresionantes como para recordarlos en un orden lógico. La rabia y la indignación todavía me trabajan cuando paso revista, y hacer memoria con el alma hirviente resulta casi imposible. Recuerdo que ella nos llamó a su lado desde el primer instante con un pequeño ademán. Salimos, siguiéndola rumbo a la cocina, mientras mi padre le servía un tinto doble.

Juan Carlos, mi hermano menor, que por entonces apenas tendría cinco años, tuvo una de esas percepciones que en ocasiones visitan a los pequeños.

—El señor tiene borrachera —dijo en la cocina, en un volumen que, ahora lo comprendo, era toda una imprudencia—. Mi madre le tapó la boca de inmediato, mientras le decía: «Niñito, por Dios, se me va a quedar callado hasta que los señores se vayan». Eso bastó para que el niño no volviese a decir absolutamente nada.

Mi padre se sentó con el sargento en el comedor e hizo seguir a sus soldados, que se acomodó en distintos puntos del salón, descargando el aparatoso equipo que llevaba. Sus actitudes eran extrañas, un tanto incoherentes, como tomadas por un secreto frenesí. Hablaban entre sí y soltaban carcajadas escandalosas, de algo que solo ellos entendían.

En medio del diálogo, según nos ha contado nuestro padre, el sargento empezó a hablar de la guerrilla y de su presencia en nuestras montañas y laderas, y también comenzó una perorata contra aquellos «sinvergüenzas enemigos de la Patria a los que les parece maravilloso colaborarles a los bandoleros antes de delatarlos, como sería lo correcto».

¿Era aquello un interrogatorio?, ¿estaba ese grupo de hombres insinuando que nosotros éramos colaboracionistas de la insurgencia? Mi padre, llegado el momento, encaró a Parra y le dijo que si pensaba tal cosa estaba completamente equivocado. Parra, de manera poco cortés, le respondió que «nunca se sabe, mi señor... caras vemos...». Desde ese instante, la situación se fue tornando espinosa. Fue como si el trato de apariencia galante de este hombre se esfumara, reemplazado por una altanería ramplona y grotesca.

No hubo gritos ni cosas estridentes, pero, cuando salimos de la cocina con algunos platillos preparados a la carrera, ya los soldaditos andaban por la casa volteándolo todo, mientras Parra continuaba sentado en la mesa, tomándose el café que mi padre le había servido, como si aquello fuese lo más normal y rutinario.

—Usted no nos dijo que esto fuera una inspección, sargento Parra —le reprochó mi padre a quien con tanta alevosía conducía la loca pesquisa.

—Vea, señor —le contestó ahora Parra, ya apoderado de su nuevo rol—: tenemos noticias de inteligencia que afirman que, ciertamente, la zona está infestada de colaboradores. Y así como hoy ustedes nos hacen comida y nos dan de beber a nosotros, mañana lo hacen con los terroristas. Y resulta que, gústele o no, nosotros estamos para combatir y desaparecer del mapa a los bandidos.

De manera que, de pronto, como en un sueño leve que muta en pesadilla, el sargento mandó a mis padres a encerrarse en una habitación y a nosotros, los niños, en otra (la casa tenía tres). Fue claro, eso sí, en que no debíamos estar en el mismo recinto. Me parece ver los ojos de mis padres, llenos en rabia, pánico y tristeza, mientras eran conducidos a su encierro, escoltados por algunos de los hombres del comando cual si se hubiese tratado de los más vulgares delincuentes.

Nosotros, hay que decirlo en este punto, jamás habíamos dado absolutamente ningún apoyo a los insurgentes. Mi padre era radical en su credo de no participar, ni en broma, con ninguno de los dos bandos y si, por ejemplo, hasta la finca arrimaban algunos de estos sediciosos, él salía y hablaba con ellos, con caballerosidad pero con firmeza. No era, tampoco, que los guerrilleros o los agentes armados pasaran mucho por allí, pues la casa, geográficamente insular, no era ni un peligro ni una atracción para nadie. Lo máximo que llegó a darles fueron algunas gaseosas o algunas latas de atún y sardinas, y los visitantes nunca se excedieron, como ahora sí lo hacía el sargento Parra.

El más aciago presentimiento de cuantos pudieron visitarnos aquel día lo tuvimos al mismo tiempo mis padres y mis hermanos cuando, al distribuirnos en distintas habitaciones, a mí me pusieron en la más lejana, que era aquella donde mi madre solía coser y hacer bordados en los ratos libres.

Yo me quedé serena, metida en la habitación, pero mi corazón era un vendaval. Sabía que los hombres estaban tramando algo y que, por supuesto, no se trataba de nada bueno. No bien habían pasado unos veinte minutos, sentí que la puerta se abría y vi dibujarse la silueta del sargento Parra. Me miró con los ojos inyectados, al tiempo que me indicaba con una señal que no fuera a gritar ni a hacer nada. Recuerdo, con auténtica repugnancia, que me dijo, mientras se aproximaba con los movimientos de un animal cuando se aproxima a su presa: «Quédese, mamita, en silencio. Hágalo por sus papitos o, de lo contrario, todos se mueren».

Obedecí, y en ese instante imaginé el triste y devastador espectáculo de los cuerpos de los míos sin vida, golpeados y baleados. El sargento Parra no se encontraba en sus cabales y para mí era claro que alguna sustancia bravía navegaba por sus venas. Caminó por la pequeña pieza y se hizo a mi lado. Estiró los brazos y empezó a cogerme: el pelo primero, después fue recorriéndome lentamente, bajando su mano recalentada hacia mi pecho, mis brazos, mis piernas...

—Calladita, nena, acuérdese de sus papitos... Sumercé no quiere que les pase nada —repitió, y afuera se oían las risas de los soldaditos y se escuchaba que corrían cosas y repetían: «Por aquí no hay nada, no tienen información ni armas ni nada por el estilo».

Los dedos pegajosos y repugnantes de Parra empezaron a acariciarme, primero con cierta dureza y después de forma rítmica y continuada. ¡Este hombre me estaba violando! ¡Y yo no podía ni siquiera llorar!

En un momento dado, el ruin militar se llevó la mano a su pantalón y comenzó a desabrocharse la bragueta, mientras su rostro se enrojecía, como uno se imagina que se enrojecen y desfiguran todos los depredadores del mundo. Cuando empezaba a sacar su miembro en pos de la cautiva que tenía adelante, sucedió algo providencial que, al mismo tiempo, fue una revelación increíble.

Un soldadito imberbe, alto y desgarbado, de una palidez extrema y con movimientos que uno atribuiría más a un bailarín de ballet que a un miembro del Ejército, abrió la puerta y, viendo lo que sucedía, empezó a chillar y a proferir injurias y maldiciones. A mí, en medio de aquel caos y de aquel pánico, lo que me preocupó fue que aquellos berridos fuesen a propiciar la muerte de mis padres y hermanos.

Era Jacinto Ángel, un soldado que estaba prestando el servicio militar y había sido traído de un puerto del Pacífico. Cuando lo agarró un camión del Ejército, estaba en una esquina en donde la marihuana y otras sustancias eran parte de la cotidianeidad, aderezadas con una pizca de prostitución y otra de delincuencia desorganizada. Yo creo que, para sus padres, que el muchacho descarrilado tuviera que marchar a la tropa pudo ser visto como una suerte, pues les quitaba el predicamento de su muy ardua formación.

Jacinto se lanzó sobre el sargento Parra, obligándolo a amarrarse el pantalón y cerrarse la braqueta. Empezó a comportarse como un marido al que su mujer sorprendió en algún sitio imprudente con su querida. Lo colorado de su semblante desapareció y, en un dos por tres, estaba pálido como la nieve.

—Sargento, tú no me haces esto... —chilló, y lanzó sus dos manos, convertidas en feroces garras, sobre toda la humanidad de Parra, que retrocedía, ahora timorato, vacilante, descolocado. No era necesario, viendo la secuencia, ser un adulto informado y vivido para percatarse de que aquella era una situación con tintes románticos.

El soldado seguía insistiendo en su cantinela celosa, siempre repitiendo aquello de que «tú no me haces eso», hasta que, repentinamente activado, como si saliera del marasmo que le inoculó la llegada sorpresiva de Jacinto a la habitación, el sargento le propinó una fuerte bofetada. Ahora, que miro en retrospectiva, ese acto se me asemeja a muchos que vería después en sendas películas del cine y la televisión.

—Se calma o lo calmo, soldado —le gritó, y lo apretó con fuerza, mientras su interlocutor histérico intentaba zafarse. Entonces, aquel soldadito enamorado (que se echó a llorar como un adolescente) empezó a amenazar, exclamando: «Usted no me hace eso, sargento... o si quiere cuento... cuento cómo me enamoró y me acostó y me obligó a acostarme con otros y con otras, y a jalarle duro a la bareta y la perica...».

Aquello era tan fuerte que tenía visos de ser irreal, algo así como la imagen absurda de una pesadilla. Parra terminó por abrazarlo y, en una transición inesperada, se puso a cuchichearle cosas al oído. Finalmente, olvidándose de mí por completo, empezó a darle besos, que pasaron de la suavidad a la pura dinamita. Se apasionaron, olvidándolo todo, y los contactos tenían la demencia que les suelen imprimir los amantes.

El sargento Parra se quedó mirándome luego, y me hizo un gesto, ahora desesperado y ya no trabajado por la abyección y el deseo. Me dijo, arrastrando las palabras, como si con ello pretendiese que entraran en mi memoria y no se me olvidaran: «Usted no ha visto nada... absolutamente nada, niñita».

En un instante, el piquete de soldados se encontraba formado en la entrada de la finca, listo para marchar. El sargento había cambiado su talante y ahora se portaba gentil y diplomático con mis padres. Les presentó excusas y les dijo que todo había sido un error. Ellos no tuvieron más remedio que aceptar. Entendían que, sin la menor duda, la «visita» nos había salido barata, prácticamente regalada.

Una vez vimos (con el corazón empezando a recuperar su sosiego) que la fila de uniformados se perdía en el horizonte, comenzamos a charlar sobre todo aquello. Cada uno contaba su experiencia en aquellas horas tenebrosas, pero, como era de esperarse, tanto Margarita como Jorge prestaban mayor atención a mis palabras. Después, supe que estaban informados de los muchos atropellos, en gran medida sexuales, que las tropas adelantaban en sus correrías.

Yo nunca les conté los pormenores de lo que sucedió, ni de las escenas tórridas que vieron mis ojos, porque me daba pánico, y nunca olvidé la amenaza de Parra, y temía que pudiera hacernos algo. Estaba probado que su poder en la región era muy grande y que los superiores no cesaban de ponderarlo como a un héroe. Para el Ejército, todos los que tienen fortuna en la «cacería de bandidos» tienen una aureola de heroísmo y no están dispuestos a socavar su leyenda, aunque hasta sus escritorios lleguen cataratas de denuncias.

A los pocos meses quedé embarazada. Tenía un novio que se llamaba Fernando, un campesino que cultivaba hortalizas en una finca y que soñaba con ser algún día un gran periodista. Él sí supo más tarde lo que había pasado en la incursión del sargento Parra y sus hombres. Pero, contrario a lo que podría esperarse de un sujeto montaraz y criado bajo la sombra de una cultura violenta, fue sereno y reflexivo. Tal vez, aquellos hechos hórridos nos acontecieron siendo muy jóvenes, casi niños, en una etapa cuando hay tanto por vivir, que resulta fácil deshacerse a voluntad de los recuerdos ingratos.

Muchas veces volvimos a encontrarnos con el sargento Parra, en medio del pueblo, acompañado por lo general de sus soldados, y siempre evitó detenerse a conversar con mis padres. Y a mí nunca volvió a mirarme. Mi imaginación, no obstante, lo llevó grabado durante mucho tiempo y el hombre aparecía con gran frecuencia en mis sueños y mis visitaciones nocturnas. Creo que no podría haberme sostenido la mirada ni tan siquiera un minuto, pues yo sabía algo que hería su imagen de intensa virilidad.

Los abusos de poder que se daban como hierba mala al interior de la brigada, y también en las guardias y correrías que de allí partían hacia los montes y el campo, fueron delatadas desde un principio sin que nadie les prestara atención. Relatar el anecdotario de truculencias, sadismo, vicios, torturas e irregularidades escandalosas sería detestable, por su nivel de obscenidad. Todo un memorial de agravios que fue haciéndose visible lentamente, saliendo a la superficie como surgen los cuerpos de los ahogados, de pronto, en el torrente de un río.

Cuando la situación adquirió perfiles inocultables y ya algunos órganos pusieron los reflectores sobre aquel desapacible fortín de piedra, los superiores jerárquicos castrenses sí se fijaron en el sargento Parra. Es una artimaña que —lo digo con justa razón, porque ahora me dedico con mi esposo a estudiar leyes en pos de defender los derechos humanos— se implementa aquí y allá. Es la vieja historieta de las manzanas podridas con la que se enloda y hunde a uno que otro miembro de las Fuerzas Armadas para que la institución salga lavada de toda culpa.

Parra había cometido muchas transgresiones dentro y fuera de la brigada, y su predilección eran los actos sexuales con niños y niñas, o con adultos de máximo veintiuno o veintidós años. Pero la cereza del indigesto pastel fue su relación con Jacinto Ángel. Era una suerte de noviazgo, que sucedía frente a todos y que era tolerado. Pero el muchacho estaba completamente desequilibrado y resultaba inquietante que hubiese pasado los exámenes de ingreso.

Tanto el uno como el otro fueron retirados con discreción de la brigada. Desconozco cómo, pero Parra fue transferido a una brigada al otro lado de Colombia y Jacinto terminó su tiempo de servicio. En apariencia, la historia borrascosa de estas dos criaturas conjuntadas por la milicia, y la de los ultrajes al interior de la brigada, tocaban a su fin.

Todos podrían haberlo olvidado, pero no aquel muchachito tembloroso y presa de unos celos quemantes, que yo vi enfrentarse a su superior en la habitación donde, providencialmente, me salvé de ser violada. Ahora entiendo que, como suele suceder en tantísimos romances, Jacinto había sido la pobre mujer de la historia y el teniente el machista funesto, cínico y brutal. Pero no contó con que, en el limbo de su desequilibrio, Jacinto se las agenciaría para llegar hasta la nueva brigada de su antiguo querido, donde lo esperaría con la paciencia de un vengador obstinado para interceptarlo una vez lo viera aparecer.

Dicen los que estuvieron cerca, que Parra no se disgustó al ver que en su camino aparecía de nuevo Jacinto. Lo recibió, por el contrario, con coquetería y seductora actitud. Dicen también que era un día de permiso y que los dos hombres se escabulleron, sigilosos como sombras, al retiro furtivo de una habitación de hotel. Y dicen —tampoco me consta— que en la penumbra y, tal vez, en medio del rito carnal, Jacinto empezó de nuevo a hacerle reclamos a Parra y que, luego de un buen rato de lamentaciones e improperios, pasó a completar su plan. Para ello, se sirvió de un fino cuchillo que cortó la cabeza del sargento de un lado al otro con precisión de carnicero.

El cuerpo del sargento fue encontrado por uno de los empleados del hotel, y se trató de silenciar el caso lo más que se pudo, ya que hacía parte de un sordo concierto que era rutinario en la brigada militar.

Yo, por mi parte, me casé con mi aspirante a periodista. Mis padres, siempre comprensivos, nos apoyaron y mi embarazo fue maravilloso.

Mi hija, también llamada Margarita, nació bajo el cielo de la Colombia del posconflicto. Esa que todos soñamos, pero que no aparece por ninguna parte.

LA CÁRCEL
DE LA LIBERTAD

Esta historia contiene la aventura, el drama y la esperanza de dos niñas, en distintos periodos de la reciente historia colombiana. Flora y Clara María, madre e hija, paladearon juntas los desplazamientos, momentos amargos y también sublimes, en medio de este absurdo escenario.

CUENTAN QUE MI NACIMIENTO fue a las cuatro de la mañana, en ese instante en el que todos duermen plácidos bajo el abrigo del amanecer. En las cárceles, sin embargo, no es tan apacible, porque allí las noches están pobladas de ruidos, gritos, alarmas, imprecaciones, quejidos, susurros, llantos. Los presidiarios no se acuestan ni se levantan como aquellos que gozan de la libertad. En ellos, como un manto sombrío, palpitan la pena y el desasosiego.

Mi parto no fue difícil sino más bien satisfactorio y convencional, a pesar de que los médicos tenían sus reservas, porque mi madre (que se llamará Flora en este relato) engordó tanto que quedó transformada en una mole de carne que casi no podía moverse. Antes, no fue nunca acorazada sino todo lo contrario, menuda y flacuchenta y sumamente pálida, y con una imperecedera expresión de melancolía, de manera que su robustez alarmó al extremo a los médicos. Parece que la culpa era mía, pues, allí nadando en el vientre, no hacía otra cosa que pedir alimento, y una buena parte de este se convertía en los nuevos kilos de Flora.

Algunas de sus compañeras la emprendían con ella a punta de chanzas y mofas; otras, las verdaderamente cómplices, le extendieron su solidaridad inquebrantable. Aunque pelean, aunque existen algunas muy pugnaces y atravesadas, aunque han matado y atracado y estafado y hecho toda clase de picardías, las mujeres de las cárceles, en su gran mayoría, son seres sensibles, solidarios y capaces de sacrificarse por una justa causa.

Mi ropero de bebé, para no ir más lejos, lo hizo Mercedes, una madrileña espléndida que, por una crisis económica luego de separarse brusca y dolorosamente de su marido y quedar sola con dos hijos, cayó en manos de la mafia y se hizo mula del narcotráfico. Pero ella, en su esencia, no era capaz de matar una mosca y, en cambio, poseía una gentileza y una bondad que la hacían brillar incluso en la oscuridad de la noche. Me tejió saquitos y mitones, pantaloncitos y frazadas, y en todos puso con delicadeza las iniciales de mi nombre: CMM (Clara María Montoya).

Los niños que nacen en la cárcel no llegan con buena estrella al mundo y no es difícil saber que, tras el alumbramiento, sus mamás quedan en estado de vigilia permanente, expectantes como centinelas para que a sus pequeños no les suceda nada. Un presidio tiene cotidianamente tal cantidad de episodios turbios, de situaciones intolerables, que la presencia allí de un ser amado no parece la mejor de las ideas y nutre la imaginación febril.

Pero tal imaginación exagera el drama un poco. En realidad, para la absurda y triste situación en que nacen, los niños no la pasan tan mal en las cárceles. Además, tienen el consuelo redentor de la inconsciencia. Yo, para no ir más lejos, ni siquiera alcancé a sentirme tocada por esta atmósfera de barrotes y guardianas temerosas que, para mi suerte, jamás se instalaron en mis recuerdos.

¿Sonará extraño o descabellado si digo que fui feliz en la cárcel con mi madre?

La noche en que nací fui atendida por dos personas que hicieron su trabajo con rigor y profesionalismo, y Flora colaboró como pudo y no tuvo ni angustia ni histeria, como le ocurre a muchas. Salida del vientre, no pasaron ni diez segundos para que yo lanzara mi grito rebelde de llegada al mundo.

Me cuenta Flora que cuando me tuvo entre sus brazos, feíta, arrugada, tan rojiza como un camarón, supo que estábamos destinadas a tener un vínculo estrecho que desbordaría la convención y nos transformaría en cómplices eternas. «Amigas a muerte», nos gustó siempre decir de nuestra estrecha comunicación, esa suerte de identidad que tuvieron nuestros sueños y nuestras tentativas.

Mi madre había quedado encinta en las filas de la guerrilla, a la que ingresó luego de una dura infancia, una adolescencia rebelde y fugitiva, y una primera adultez poco amistosa. Todo ocurrió en Pereira, tan publicitada como una urbe alegre y jacarandosa, pero que, entre bastidores, esconde grandes problemas sociales y no pocas injusticias.

A los diecisiete años, después de marcharse de su casa, donde recibió la hostilidad de un padre amargado y muy afecto a la bebida, y la indolencia de una madre que nunca la defendió, Flora rompió calles, pasó aulagas y hasta cayó en el trabajo de mesera complaciente en un bar de mala muerte durante algunas semanas. Pero no era lo suyo, no soportaba a los clientes ebrios en busca de dádivas y cariño clandestino, ni le gustaba trasnochar. Entonces, se dijo que quería una labor limpia y honorable y, después de buscarlo mucho, encontró un puesto de obrera en una fábrica de camisas. Ganaba el mínimo y tenía el horario convencional.

Flora X, mi madre, a los diecisiete años demostró ser una diestra y eficaz trabajadora, puntual en la disciplina y muy hacendosa en la fabricación de camisas. Ella tenía a su cargo la colocación precisa y metódica de todos los botones que llevaban esas prendas. Gastaba tanto los ojos en su tarea, que a los cinco meses de estar enlistada en la fábrica tuvo que acudir a cita con el optómetra y ponerse unos gruesos lentes que, en lugar de afearla, resaltaban su rostro.

Todo iba bien, hasta que el señor Dávila, fundador de la fábrica, enfermó y murió. Era un paisa bonachón, como de la época dorada de nuestra región y, aunque estricto, jamás abusó de sus trabajadores.

A cargo de la fábrica quedó un hombre diametralmente distinto al fundador: Gonzalo Orozco, el esposo de Paula, la hija mayor de la familia, y alguien de quien se decía, tras bambalinas, que era un verdadero vividor. Para ese tiempo, era muy joven, despierto y puntilloso y, al poco tiempo de hacerse cargo, todas las empleadas sintieron el lamentable cambio.

Las restricciones horarias, la celosa y dramática vigilancia, el abuso con las jornadas y la paulatina rebaja de todas las garantías laborales fueron el santo y seña del dichoso Gonzalo. Para coronar el cuadro, el tipo no perdía oportunidad de intentar propasarse con las muchachas más jóvenes, entre ellas, Flora.

Por entonces, el movimiento popular en Pereira era muy fogoso. Uno de estos grupos, muy connotado y temido por los patrones y empleadores más recalcitrantes, fue el que manejaba un popular y notable personaje de la ciudad, al que en este relato llamaré Horacio. Muy joven, había ido ya a la universidad pública y se había graduado en Derecho, pero, en cambio de consagrarse, como la gran mayoría, a defender el establecimiento, se prosternó ante la causa popular y litigaba casi *ad honorem*, defendiendo a obreros y obreras, a jornaleros y a toda clase de trabajadores, con frecuencia mancillados.

Mi madre lo conoció en una fiesta popular de esas que en Pereira son rutina. Se gustaron desde que se vieron por vez primera y, después de que una amiga de la fábrica de camisas los presentara, se la pasaron juntos toda la noche y, cuando entraron en confianza, se lanzaron a la pista y bailaron como locos. Ella me decía siempre que, mientras se contorsionaban al ritmo de rancheras, boleros, cumbias y tangos, su corazón galopaba enloquecido. Se enamoró perdidamente desde aquel encuentro casual, se dieron sus números telefónicos y prometieron continuar viéndose.

Se hicieron novios y Horacio mostró ser lo que llaman un caballero. Había algo en él que lo distanciaba del prototipo machista que abunda en la región cafetera. La trataba de forma delicada, aunque, según me contó ella, era un apasionado amante y disfrutaba de la intimidad como si nunca la hubiese paladeado antes. Pero también le hablaba, largamente, de las luchas inmisericordes del pueblo, de su explotación y su estática parálisis monetaria. También le prestaba libros, muchos libros, y ella, inteligente e intuitiva, se fue familiarizando con autores un poco estrambóticos para su realidad coloquial y su circunstancia: Hegel, Marx, Engels o el Che Guevara eran nombres que poco a poco fueron sumándose en la selecta biblioteca que nutría en su memoria.

Los novios se hicieron comunistas, ella más arrastrada por el influjo de su hombre que por cualquier otra cosa. Pero no es que se dejara permear como una tonta, ni mucho menos, sino que encontraba una armonía entre el amor y la dulzura de Horacio y su ideario social y político. Coronó aquello su afiliación al Partido Comunista de Colombia. Cuando les entregaron sus credenciales, estaban dichosos como chicuelos, y celebraron haciendo el amor toda una noche. Entre un acto y el siguiente, hablaban y hablaban de política. Eran apenas unos niños jugando a ser adultos metidos en cosas delicadas...

Hasta ese instante, la cosa tenía visos de juego. Dos jovencitos justicialistas que, como tantos otros, pretendían corregir el yerro y la crudeza de un mundo mal organizado y pésimamente repartido. Pero, a los pocos meses de militancia y, cuando ya asistían a manifestaciones y debates, huelgas y motines, los vigías y conductores de la organización les empezaron a imponer tareas. Sin preguntárselos, sin solicitarlo con delicadeza. No, sencillamente, era la disciplina que los comunistas suelen imponer y las metas de trabajo social que fijan a su gente. Un día había que dar apoyo a una huelga; al otro, participar de un mitin y, al siguiente, salir por las calles a repartir propaganda. Siempre algo nuevo, algo que se debía seguir con rigor y sin preguntar.

Un paseo para siempre

Sin que sonara drástico ni tampoco alarmante, Horacio fue endulzando el oído de Flora para que estuviese preparada para dar un grande y necesario salto. Así lo decía, y cuando ella le rogaba explicación, terminaba de confundirla diciéndole que «un día muy cercano nos iremos de paseo, sin que haya bus de regreso».

Algunos puntillosos dirigentes del partido, que apoyaban con marcial ceguera la llamada «lucha armada», reclutaban, aquí y allá, militantes de buen perfil, con la finalidad de jalonarlos al monte, donde canturreaban en coro que «se unirían de hecho a la gloriosa causa del pueblo colombiano». Quienes eran reclutados prácticamente firmaban su entrada en la dura, azarosa e imprevisible clandestinidad subversiva.

Un miércoles, mientras tomaban café negro en un famoso mentidero bohemio, Horacio le dijo a Flora X que la escapada, el viaje sin regreso, sería al otro día. Ella fue dominada en ese instante por la angustia, pues lo que antes parecía apenas una idea o un pensamiento furtivo se cristalizaba y se hacía verdad. Lloró mucho, balbuceó palabras, habló de su puesto en la fábrica de camisas y del tiempo que le tomó conseguirlo. Pero Horacio, que era muy astuto, y que sabía cuánto le habían chocado los excesos, abusos y flirteos groseros de Gonzalo, capitalizó su creciente enfado con la sociedad. Eso, y el influjo romántico que Flora sentía por su hombre, terminaron por convencerla. Después del llanto y los reparos, un gran beso selló el pacto de estos aprendices de guerrilleros.

Así, tan solo unas veinte horas después, Flora y Horacio estaban llegando al campamento subversivo donde los acogería la principal organización militar de toda Colombia y que por entonces parecía tener filtradas las universidades, los colegios y las fábricas del territorio nacional. Los imagino silenciosos, tímidos, sorprendidos ante aquel engranaje, llevando sus pocas pertenencias a los dormitorios elementales que les asignaron.

En aquella organización la ley era muy estricta, marcial, y recordaba en mucho las formulaciones que el estalinismo había elevado a la categoría de dogmas. De manera que los comandantes, una vez alguien se integraba a las filas, lo consideraban un alfil al que podían exigirle casi cualquier cosa. Y en este caso, lo primero que hizo el comandante Rosas, cabeza visible del frente guerrillero, fue pedirles todos los datos (dirección, teléfonos, coordenadas) de los patrones, gerentes, empresarios y detentadores del poder que los recién advenidos conocieran.

Flora me confesó después que de haber sido su patrón el señor Dávila no habría suministrado las coordenadas y detalles de la fábrica de camisas. Pero, llegada la hora de la requisa, a su mente solo vinieron los atropellos y la displicente forma de dirigir de Gonzalo Orozco. Y, empujada por el sentimiento de ira que tal hombre le despertaba, dio todas y cada una de las informaciones de la fábrica en la que había trabajado: modo de operar, jornadas de las obreras, sitio donde quedaba una caja fuerte, nombres de los dueños y los bancos en los que la empresa tenía cuentas. Absolutamente todo, contado con minucias. Pero ella, en el fondo de su alma, sentía una gran desazón y una secreta pena. Era el sitio que la vida había puesto en su camino para sacarla del atolladero. Horacio, en cambio, la impelía a no tener semejantes cargos de conciencia y a decirse que todo era en nombre de la clase trabajadora, de los desposeídos, de la causa justa de la revolución.

Al poco tiempo, como era de esperarse, la fábrica de camisas entró en el listado de vacunas del grupo insurgente, y las investigaciones policiales comenzaron, sin pausa ni tregua. Flora sabía que cuando llegasen al fondo de la pesquisa su nombre saldría a flote y que eso la convertiría en un nombre apetecido dentro del organigrama de búsquedas de los organismos de seguridad.

Una situación marcó el distanciamiento crítico de Flora: el hecho de que su relación con Horacio no fuera respetada. Una vez llegados, se presentaron como compañeros sentimentales, pero el comandante Rosas les dijo que no podían vivir ni tampoco dormir juntos. Eran las reglas y no existían miramientos ni condescendencias para quienes debían cumplirlos. Apenas se les otorgarían unas horas a la semana para que pudiesen retozar, y esto si sus papeles de soldados guerrilleros se cumplían a todo dar.

Además, Flora empezó a darse cuenta de que, por debajo de cuerda, había un tráfico de mujeres hacia los dormitorios de los comandantes, lo que no le pareció decente ni legal y la llevó a sospechar que muchas de las formulaciones teóricas de aquellos supuestos guerrilleros no eran más que palabras huecas e inoperantes. Se fue volviendo rebelde dentro de los rebeldes, protestante dentro de la protesta y personaje conflictivo, a decir de Rosas y sus pares.

La muchacha tenía problemas de conciencia, algo estaba cambiando dentro de ella, algo no cuadraba con el sueño de justicia y equidad que la había arrastrado hasta allí. Y empezó a rondar en su pensamiento la posibilidad de la fuga. Sabía, no obstante, que quienes decidían irse pagaban con su vida. De lejos, pálida y silenciosa, había visto varios pelotones de fusilamiento que llenaban de plomo a los que cometían cualquier infracción: desde un robo de alimentos, hasta una respuesta insolente; desde algún descuido en la guardia nocturna, hasta los actos que los comandantes consideraran indisciplina o insubordinación.

Sin embargo, la gravedad de un escape estaba, de lejos, considerada como la figura más imperdonable. Al fugado, por lo general, le entablaban una furiosa jauría y, en su mayoría, lo encontraban y lo mataban.

Horacio también empezó a sospechar del proyecto. Era un hombre gentil y transparente, y en su ideario no se encontraban los excesos que se veían en el campamento del comandante Rosas. Fue castigado varias veces por pequeñas infracciones y, cada vez que estas ocurrían, amenazaban con matarlo. Era un hombre que estaba más en el territorio de los sueños que en la prosaica escena de la realidad, y estas dos instancias chocaron en su corazón.

Las visitas nocturnas, los encuentros amorosos eran, por supuesto, un bálsamo para soliviantar las muchas heridas que abrían, profundo, las jornadas guerrilleras. Los encuentros de Flora y Horacio se hacían cada vez más plenos, más dulces y avenidos.

—¿Por qué demonios tenemos que vernos solo cuando estos comandantes lo permitan? —le dijo Flora a Horacio—. Yo no me enamoré de usted para tenerle que pedir licencia a nadie.

—Usted tiene razón, Flora, al carajo con esta disciplina para perros —le contestó Horacio.

Planearon la escapada. Luego de conocer los protocolos formales del campamento, ambos sintieron que lo mejor sería hacerlo después de la medianoche y durante un fin de semana. Viernes y sábados encendían los ánimos de los comandantes y los guerrilleros, quienes se daban a la fiesta, la celebración y la bebida. Aquello terminaba por relajarlos y se brindaba como oportunidad dorada para la evasión.

En el fondo del monte o de la selva, allí donde estaban confinados, terminaban por no tener claro el día que vivían y, salvo los fines de semana, no reparaban si era lunes, miércoles o jueves.

La evasión fue un sábado, bien entrada la noche, casi al amanecer. Cuando el bullicio de la soldadesca borracha se hacía más ininteligible y a Flora y Horacio no le salían de sus bocas sino frases sueltas y sin ninguna coherencia, risas aisladas y cantinelas absurdas, cargando apenas dos pequeños morrales, se deslizaron bajo el amparo de la sombra.

La cosa salió a pedir de boca durante la primera hora. Ambos, de delgada figura, lograron escabullirse sin que alguno lo percatara. Habían llevado un par de linternas que alumbraban bien y sus botas estaban diseñadas para moverse por terrenos difíciles.

Pero, entonces, empezó el sonido de los helicópteros, que no les era familiar porque hasta ese instante no lo escucharon jamás. Helicópteros que volaban muy bajo, algunos, tanto que rozaban las copas de los árboles y daban la sensación de estar prestos a aterrizar o a dar con sus fierros contra la tierra.

—Es el ejército... sin ninguna duda desarrollan un operativo —apostó Horacio, con los ojos muy abiertos, brillantes y angustiados.

—¿Cómo lo sabes? —le preguntó Flora.

—¿Acaso habías escuchado helicópteros? Nunca... Pero he leído que en esta zona hacen operativos relámpago.

Y tenía toda la razón. Casi al instante se escuchó una explosión muy cercana, brutal y apabullante. Después otra... y otra... y otra más. El campamento debía estar a media hora de ellos, pero alcanzaban a escuchar un rumor y un eco de batalla. El tableteo de la metralla y los impactos de los fusiles con los que el frente guerrillero repelía la incursión del Ejército.

Flora y Horacio quedaron en medio de la furia guerrera y no sabían bien hacia dónde marchar. Ahora estaban más solos que nunca y eran vistos como delincuentes que debían ser castigados, por los dos bandos.

Fueron atrapados, al lado de otros seis insurgentes que se encontraban fuera del campamento, al que, supieron después, no le pasó casi nada.

El reino de los muros

Flora fue procesada por sedición e insurgencia a las pocas semanas de la jauría, y solo supo que se encontraba embarazada cuando, para ingresarla a la cárcel El Buen Pastor, en Bogotá, le realizaron exámenes de rigor. Lloró mucho cuando supo la noticia, pero no por ella sino por mí, que era ya una pequeña semilla en su vientre.

Horacio fue enviado a La Picota y, desde entonces, las comunicaciones entre los enamorados se tornaron difíciles y distantes. Dentro de los presidios, los contactos se vuelven un negocio y, aunque parezca increíble, para tener una buena conexión con alguien de afuera, es imperioso pagar. Es la única forma de mantener un amor, una amistad, una filiación.

Ya detrás de los muros, mi madre conocería las crueldades y cotidianos dramas de todos los presos. Al principio, respondiendo a su personalidad combativa y un tanto montaraz, ella se enfrentó con muchas de las más atravesadas de las presas, pero un par de solfas le bastaron para comprender que los golpes no eran allí el método más inteligente. También tuvo sus reyertas con algunas de las guardias y centinelas, y con estas le redoblaron la dosis.

Estaba embarazada y andar de broncas podía perjudicar a su bebé, de manera que, haciendo no pocos esfuerzos, suavizó su comportamiento. La decisión fue sabia y le proporcionó algunas amigas maravillosas que dulcificarían su situación. La principal de ellas fue Mercedes, la mula madrileña, que desde el principio la acogió con amor maternal. Era una señora de por lo menos 59 años, rolliza y plácida, como la protagonista de algún pasodoble, y en su cercanía se operaba el milagro de sentir el soplido de la libertad, aunque los muros crecieran por los cuatro costados. Pese a estar inmersa ahora en problemas gravísimos de transporte de narcóticos, ella jamás dejaba que le ganara la mala vida, ni las compañías funestas lograban mellar su estilo. Tenía migas con una mexicana, que también cayó en Bogotá portando cocaína, y con una joven dominicana.

El día que nací, casi al alba, mi madre se quitó literalmente un peso de encima, pues, como lo referí al inicio de este relato, había subido demasiado de peso. La cosa salió muy bien, fue un parto ordinario y sin complicaciones, y pronto Flora se encontraba descansando conmigo a su lado. Solía contarme que una mezcla de sentimientos la gobernaron desde aquel momento. Por un lado, estaba dichosa de haberme tenido y de que yo estuviese sana. Pero oscuramente sentía pánico, pues no podía avisarle a Horacio, mi padre, del suceso, y ya le habían informado que después de un tiempo nosotras dos seríamos separadas.

«Lloraba todo el tiempo», me explicaba, en especial cuando llegaba la hora de dormir. En el silencio de la noche, los ruidos se agudizan y parecen estar escribiéndonos telegramas ilegibles.

El lugar cotidiano de las madres en aquella cárcel se llama El Esplendor y no dista mucho de cualquier otro jardín preescolar. Sus muros están pintados de rosa y tienen los infaltables muñecos de Disney, con los que el mundo del entretenimiento inflama la imaginación primera. Dentro, una hilera de cunas y corrales propicios para que las mujeres hagan su trabajo de madres.

Si se me pregunta por aquella temporada, y para la sorpresa de quien fantasea con lo obvio, acostumbro contestar con un rotundo y firme «fui feliz», que desplaza las preconcebidas ideas acerca del encierro de un presidio. De manera bella y muy ingeniosa, Flora construyó durante mis primeros años un «reino protector», impidiendo el paso de todo aquello que me hubiese vulnerado. Nunca condescendió a medírsele a broncas o hechos violentos, soportó con formidable estoicismo los rigores del encierro, tuvo paciencia con las guardianas de «línea dura» y se hizo a unas muy corteses y amables relaciones.

Mientras yo crecía, hubo toda clase de problemas al interior del penal: motines y sublevaciones en los patios, muertes en los pasillos o las celdas, tráfico y consumo de marihuana, cocaína o bazuco, rivalidades que se arreglaban en feroces tropeles. Pero yo, merced a los buenos trabajos de mi madre, ni me enteré nunca. Era como esos ebrios que van en un avión cuando está a punto de caerse, sin tan siquiera darse cuenta, anestesiados como están por la acción tónica del néctar que cabalga en su sangre.

La temida separación, que amargó a Flora X, como un presentimiento, mucho tiempo antes de ocurrir, se cristalizó cuando yo tenía 48 meses, un poco más allá del tiempo previsto y ordenado por la ley. Unos señores lúgubres y ceremoniosos vinieron, dando fuertes pisadas, para arrancarme de los brazos que amaba. Así es como lo recuerdo y lo recordaré siempre, y tal vez sea el primer hecho del que tengo memoria y mi primer encuentro con la amargura que, en adelante, iba a crecer bajo mis pies como una yerba mala.

Los hechos que, como una cadena oprobiosa, fueron apareciendo en mi vida, pueden referirse, lacónicamente, en unas pocas líneas: estuve en manos del Bienestar Familiar durante cinco años, aterrizando en tres o cuatro de los albergues especiales que tiene para los niños abandonados o cuyos padres, por cualquier motivo, no pueden encargarse. En ellos, la rudeza y acritud de los tratos fueron evidenciándose en la medida en que crecía. No todo el personal era malo, pero no faltaban quienes asumían sus funciones para ejercer de pequeños dictadores, felices de tener a su alcance criaturas inermes para fustigar.

Mi personalidad fuerte, herencia de Flora X y de Horacio, no tardó en revelarse ante todo aquello que percibía como afrenta o injusticia. Las rutinas eran iguales, todas cortadas con la misma tijera, y en ellas había desesperación, incomprensión, soledad... ¡y hambre! Un hambre imperecedera, que continuaba, aunque me diesen las comidas a sus horas, y estas fueran abundantes. Después, este deseo de comer se extendió a todas mis edades, y he llegado a creer que no es más que la revelación de un desarreglo psicológico, el muestrario de todas las tempestades interiores que me acosaban y que hicieron que me comparase alguna vez con una noche helada en la que nunca para de llover.

Un día, una mujer rubia y muy bonita, vestida con unos *jeans* y una camiseta silvestre, llegó hasta el último de aquellos albergues para llevarme consigo. Traía en las manos un gran cartapacio de papeles que, uno a uno, mostraba a todo el personal. Y estos, al ver aquel montículo de hojas, aprobaban, asentían y me miraban. Y sonreían como pocas veces lo habían hecho hasta entonces. Era, nada menos, que mi tía Victoria, hermana de Horacio, mi padre, y quien había hecho las mil y una vueltas para obtener mi custodia y ponerle fin a mi peregrinaje penitencial.

Desde entonces, viví con ella y con un tipo raro llamado Jaime, su compañero sentimental. Se trataba de una pareja de intelectuales, o aprendices de intelectuales, que militaban, como Horacio, en la izquierda colombiana. Cada dos o tres días, en la casa, que estaba en un gigantesco conglomerado urbano, se escenificaban reuniones ideológicas que yo, aunque niña, a fuerza de atestiguar, terminé por avalar y comprender desde el pozo de la niñez. Así, pasaron siete años y la familiaridad de la niña con aquellos rituales ideológicos se fue tornando completa.

Un domingo, muy temprano, Victoria y Jaime me despertaron y arreglaron para lo que sería un suceso, y me volvería el alma al cuerpo: visitaría a Flora en El Buen Pastor y, lo que yo no sospechaba, también a Horacio, quien estaba precisamente en la penitenciaría de hombres que queda casi al frente. Aunque no tenían recursos suficientes, mis acudientes me habían comprado un vestido nuevo, un juego de ropa interior, unos zapatos y unas medias. La ocasión, me dijeron, acreditaba estrenar.

A la hora reglamentaria, si mal no recuerdo, las once de la mañana, estábamos haciendo la fila de ingreso a la penitenciaría. Los protocolos para entrar al interior de esta osamenta vieja y fea son largos, burocráticos, en el peor sentido de la palabra, y hasta humillantes. Sin embargo, nos revestimos de una infinita paciencia y no hicimos escena, como muchos de los que nos acompañaban.

Al verla, y aunque era tan pequeñita en el momento en que nos separaron, la reconocí al instante y, con el corazón desbocado, corrí hacia ella. Nos dimos un abrazo fuerte y vibrante que, no sé por qué, me pareció en cámara lenta. Luego, mi Flora saludó, de manera más bien distante y diplomática, a Victoria y a Jaime.

Los había conocido porque, merced a una suerte de correos absurdos que logró entablar con su amado Horacio, en la cárcel del frente, este se enteró de que tenía una hija y de todos los avatares que Flora había tenido durante su embarazo y en los meses en los que me tuvo con ella. Entonces, mi padre contactó a su hermana y le rogó que buscara la forma de llevarme con ella. Fue una batalla muy dura, pero Victoria y Jaime eran duchos en este tipo de cosas, y salieron adelante. Este es el momento en que no sé todavía si me adoptaron o cómo se llamaba la figura legal mediante la que lograron que quedara a su cuidado.

Mi madre estaba nuevamente muy delgada, como había sido siempre antes del embarazo, y era una presidiaria casi ejemplar. Tenía un buen grupo de amigas que la querían y se preocupaban para que, en su conciencia, actuara y pensara como una criatura libre, y la española Mercedes le estaba enseñando a hacer los rosarios con los que ganaba unos pesos y disipaba cualquier pena en manos de la creatividad.

Hablamos poco, pero todo lo decían nuestras miradas encendidas e intensas. Yo, al despedirnos, le pedí al oído que nunca me abandonara y le recordé que, tal y como reza un letrero a la entrada del jardín, «aunque esté lejos, mamita, estoy a tu lado de corazón».

Con Horacio, la visita fue muy extraña. No sé cuál fue el motivo, pero lo cierto es que después de imaginar cómo sería conocerlo, hubo, al vernos y estrecharnos, una especie de corto circuito. Al fin y al cabo, éramos dos extraños y nos ganó la vergüenza y el rubor. Además, él era un hombre con una gran porción de pragmatismo revolucionario y, en el fondo, no gustaba de las excesivas manifestaciones sentimentales. Me hizo algunas preguntas medio tontas que los mayores tienen para los niños y, luego, en una transición que me ofendió un poco, se olvidó de mí y empezó a hablar, con su hermana y el compañero, de cuestiones ideológicas y de la urgencia de la movilización. Esa palabra, *la movilización*, estuvo en mi vida desde siempre y sus consecuencias tendrían gran protagonismo en mi destino.

Extraña nostalgia

Las visitas a mi madre se hicieron regulares y le dieron a nuestra relación nuevos contornos. Cada veinte o treinta días, repetíamos el ritual de entrada al presidio, nos sofocábamos esperando que la gran puerta de hierro se abriese para dar paso a los visitantes y volvíamos a ver aparecer la silueta menuda (nunca más fue obesa desde el embarazo), con una gran sonrisa.

Un día, a ella le dijeron que su salida estaba cerca. Yo desconozco los pormenores de su caso legal y, ahora, tanto tiempo después, no me parece interesante volver sobre aquello. Lo cierto es que, no sé si por buen comportamiento o porque ya había cumplido la totalidad de su condena, la libertad estaba a la vuelta de la esquina. Quedaban algunos formalismos y se haría realidad: Flora volvería a la calle.

Me lo contó en uno de nuestros dichosos encuentros y, mientras nos entregaba detalles (estábamos con Victoria y Jaime), daba la sensación de estarse convenciendo a sí misma de que aquella era una gran noticia. Pero algo en su rictus, en el movimiento de sus manos y el tono de voz desdecía su optimismo, haciéndolo parecer falso e histriónico.

En ocasiones, los niños notamos cosas muy sutiles que a los adultos se les escapan: yo, desde mi niñez, me di mejor cuenta de que Flora se encontraba atormentada, mientras que Victoria y Jaime lo pasaron por alto.

Había estado encerrada más de nueve años (yo había cumplido diez) y, perdida la ilusión primera de ver nuevamente el horizonte frente a sus ojos, se amoldó a la vida que regía en el interior. Se hizo una «mujer de cárcel», de las que, aunque parezca inverosímil, hay muchísimas. Estaba habituada al infierno de las broncas y las retaliaciones, a las canalladas de algunas guardianas y a todas las reglas de juego subterráneas que constituían «la patria gris» del encierro. En cambio, cuando se visualizaba saliendo de «la casa» hacia el ancho e imprevisible afuera, un temblor y una ansiedad se apoderaban de ella.

Por entonces ocurrió un nuevo, dramático y extremo episodio en mi periplo. Mis protectores fueron allanados una noche por algún organismo de seguridad. Fue a eso de las tres de la madrugada, hora predilecta de los investigadores y los policías para adelantar sus redadas.

Llegaron golpeando levemente la puerta y, cuando Jaime se acercó y preguntó quién era, entraron a la fuerza.

Lo que siguió fue el operativo clásico que sale con frecuencia en los noticieros. Rompieron y desbarajustaron cada milímetro. Yo, ya endurecida pese a mis escasos años, miraba todo aquello sin llorar, y hasta creo que mis protectores estaban más acobardados. Les preguntaban por sus direcciones, querían saber qué demonios habían hecho este o aquel día, y los acusaban de guerrilleros, subversivos y terroristas.

El resultado fue un arresto fulminante, después de que, entre el caos, aparecieran algunos croquis y mapas, hipotéticamente hechos para tentativas guerrilleras, y alguna que otra propaganda subversiva. Yo fui separada de ellos desde ese minuto y quedé otra vez en manos del Bienestar Familiar.

Me condujeron a un nuevo hogar que, tal vez porque ya entendía muchas verdades y había paladeado bastante el salobre gusto de la realidad, pude manejar de una manera menos tempestuosa y rebelde. Pero allí, en medio de las tensas rutinas, conocí a una niña llamada Sol, tres años mayor que yo, que se hizo mi amiga y cómplice y me ayudó a no sentirme tan sola y desdichada.

Aquella amiga caída del cielo era, no obstante, un ser muy traumatizado y sus dolencias y heridas tenían el problema de no poder disimularse. A Sol se le reflejaban en el rostro todos y cada uno de los golpes que había recibido en la vida. Nacida en una de las más complicadas zonas de Bogotá, su infancia la familiarizó con las pandillas, el microtráfico de drogas, los abusos de la policía, el comercio de sexo y objetos robados, y el hurto en todas sus facetas. Había llegado hasta esta nueva estación luego de que a su padre lo había asesinado un grupo paramilitar.

Yo tampoco es que hubiese tenido un pasado espléndido, pero, con todo y haber venido al mundo en la cárcel, considero que mi vida había sido menos tórrida y agreste. Así que, con gran frecuencia, me veía haciendo el papel de consejera. Sin embargo, fue Sol la que me sugestionó con la teoría de que, en aquel instituto, o como se llamara, nos iban a dejar mucho tiempo e, incluso, toda la vida. Ella quería escaparse y, como el más curtido de los presidiarios, tenía bien estudiados los esquemas de seguridad que se implementaban y la forma de violarlos. Hablaba de la libertad de una manera curiosa, y yo, que tenía motivos para pensar que esto era estar entre rejas, terminé por sumarme a su proyecto de evasión. La cosa no era tan difícil, porque, al no tratarse de un reclusorio sino de un hogar, la contención no era un tema importante y existía cierto descuido en las puertas y ventanas.

Salimos por la ventana de un baño, que daba a la zona de parqueo de carros, sin que ningún vigilante o encargado pudiera vernos, y en cosa de minutos estábamos ya en la calle, que en esta ocasión me pareció gigantesca, infinita y un poco temible.

Fuimos a vivir a una pensión en donde los dueños eran unos parientes lejanos de Sol. Era pobrísima, con un par de baños desvencijados y sucios para un montón de personas que se quedaban a dormir de vez en cuando pagando la noche. Eran drogadictos, ladronzuelos y estafadores de poca monta, y el dueño, un hombre bajito y regordete, los trataba duro para que no se les pasara por la cabeza hacerse los listos. A nosotras nos tocó una habitación que más parecía la casa vieja de un perro que la pieza donde podía habitar un ser humano.

Empezamos a robar, trabajo que yo rechacé en primera instancia, pero que, por el hambre, las carencias de todo tipo y la exigencia de los «parientes» de Sol de llevar dinero, terminaron por derrumbar mis escrúpulos. Y es que, la verdad, ni en la cárcel donde nací, ni con mi tía, conocí ni de lejos esas especialidades delictivas.

A Sol, una vez fue ganando confianza en los hurtos, le entró una especie de entusiasmo, un vértigo y una compulsión. Recuerdo que, luego de consumada alguna fechoría, transpiraba con la dicha de un maratonista al llegar a su meta. Fue justo por llegar a sentirse inquebrantable que se le fueron subiendo los ánimos y las expectativas. Así, pasamos de pequeños hurtos en supermercados y almacenes de ropa a intentar un asalto, un asalto con mayúsculas, efectuado, como no sucedió antes, a mano armada.

Lo intentamos en una licorera que, según habíamos estudiado, vendía montones los fines de semana, en especial los viernes en la noche. Lo intentamos, digo, porque el dueño de aquel establecimiento era, nada más y nada menos, que un viejo exagente de seguridad y escolta, que, precisamente con la plata que obtuvo cuando se retiró de esas lides, montó el exitoso negocio. El hombre nos redujo y en un dos por tres estábamos en manos de la policía.

Volvería a la cárcel, y esta vez no como la hija de una presa, sino como una presa más. Sucedió porque el tipo, que era furioso y tenía sus años de rudeza bien memorizados, puso todas las denuncias formales, cosa que no saliéramos a las pocas horas, sino que fuésemos judicializadas.

Todas las cárceles

Entré a la cárcel, la primera vez, siendo apenas una niña, pero en esa primera temporada me habitué a los códigos y a las reglas de juego del hampa. Es necio, ahora lo sé, intentar que uno de estos sitios tenebrosos pueda mejorar a un ser humano, aunque no faltan los casos y, para la prueba, está la estupenda personalidad que Flora logró cultivar en El Buen Pastor, sitio al que llegué después de varias entradas y salidas a otros reclusorios.

Cuando entré a este lugar de mujeres, acababa de cumplir la mayoría de edad y el recuerdo de Flora me embargó por completo de tristeza y nostalgia. Pregunté aquí y allá, pero nadie pudo darme noticias. Las reclusas y el plantel de guardias habían cambiado por completo.

Al fin, después de muchas inquisiciones, encontré a una española que había caído con la madrileña Mercedes, también por haberse prestado como mula, y que se encontraba allí todavía porque había cometido delitos dentro del penal, que, según lo decía ella muy simpáticamente, «le habían extendido las vacaciones».

Cuando le pregunté por Flora, bajó la cabeza con pesadumbre y se tornó peripatética antes de empezar a informarme:

—Flora ya salió, mi niña... Salió hace ya varios años. El día anterior le hicimos su despedida con todo y rancheras y ponqué y una que otra lágrima; pero no fue por mucho tiempo.

Me tomó una mano y noté que una lágrima furtiva visitaba su rostro.

—Pero ella no pudo con la libertad... Aquí adentro había obtenido tantas cosas bonitas, que El Buen Pastor se volvió su hogar, su casa, su refugio. Entonces, después de unos meses vino a pedir que le dieran un puesto, pero jamás lo obtuvo y, no teniendo otra salida, se dio a cometer pequeños delitos, solo para que la volvieran a traer.

En este momento, un llanto profundo, expresivo, donde se conjuntaba toda la melancolía, me ganó y me sirvió de escudo protector. Cuando me llevaban hacia esa cárcel donde había nacido, una de mis esperanzas era el reencuentro con mi amada madre.

—Pero, aunque logró volver —siguió la española—, nunca la dejaban. Luego, lo intentó viniendo a visitar a sus amigas, para quedarse después del tiempo reglamentario.

Las últimas palabras de la española, se me antoja ahora, resumen lo que les pasa a muchos hombres y mujeres que han estado presos en Colombia.

—Vivió en la puerta unos meses —contó lentamente— y creo que eso ya era una forma de delirio. Desde entonces, dejó de ser Flora y se transformó en Flora la Loca.

Aquí la española me abrazó y reparé en cuánto había querido a mi madre.

—Cuando la retiraron de la puerta, llena de pesar, pisando su sombra por la calle, a los pocos días, armada con un veneno espantoso para ratas, volvió a la puerta, hizo un gran brindis de la pócima y agonizó durante algunos minutos, sin que ni los guardias ni la gente que se encontraba en el lugar pudiesen hacer absolutamente nada...

Y ahora, la española se hizo enigmática y sabia:

—Creo que murió en la puerta de su casa —dijo—, y otra lágrima surcó sus mejillas...

Nunca olvidaré a Flora. Pienso que tuve una de las más dulces y estupendas madres. Yo terminé por sacar réditos a nuestras vidas turbulentas. Entré muchas veces a la cárcel, y entre muros aprendí oficios, ética y lealtad... La cárcel fue para mí, aunque suene loco, una academia para la libertad.

La procesión de los espantos

René Guarín fue uno de los niños que marcharon con sus padres, hace cerca de treinta y cinco años, en una de las muy nutridas marchas desde la costa atlántica hasta la capital. Esos desplazamientos no han cambiado mucho y son una suerte de metáfora de la postergación. Aquello dejó sembradas imágenes de las que el personaje no ha podido desembarazarse. La violencia germina daños psicológicos y perturbaciones clínicas en todos los hombres, pero con mayor intensidad en los menores.

La partida

DICEN QUE EL TIEMPO aminora las heridas y disuelve los recuerdos, pero en mi caso no sucedió de esa manera. Al contrario, el paso de los días, los meses y los años terminó por agravar las impresiones adquiridas durante la marcha en la que, siendo apenas un niño de brazos, participé en octubre de 1985 y que fue muy sonada en la prensa, en la radio y hasta en la televisión. Eso no es novedad, ciertamente, y esa procesión de desheredados hambrientos se ha repetido desde entonces casi a diario y en todas las regiones del mapa nacional. La protesta y los actos que la acompañan como un eco es perpetua entre nosotros.

Mis padres, Carmela y Santiago, eran campesinos de Sucre, que siempre vivieron bajo el régimen del miedo. Pasaban por su tierra los guerrilleros sigilosos y los amenazaban, les quitaban las gallinas y las cabras, les pedían dinero y desocupaban su despensa. Venían detrás los paramilitares, que por entonces apenas si eran visibles, que hacían lo mismo, además de culparlos y llamarlos comunistas porque, obligados, habían dado auxilio a los insurgentes. Les seguía, de manera no menos áspera y temible, el Ejército, echándoles la culpa de ser, unas veces guerrilleros, otras, paramilitares. Mis padres reconocían el sonido de música dramática de los pasos de los grupos marciales y esas botas manchadas de barro infestaban sus pesadillas.

Vivíamos en una vereda, a tres horas en bus de la capital y a casi nueve yendo a pie, pero la sensación que allí se tenía era siempre de distancia, de lejanía.

También por este lugar había pasado el Gobierno distribuyendo sus promesas, pero sus servicios terminaban cada vez por enredarse y ahogar cualquier ilusión en absurdas y larguísimas gestiones burocráticas. Allí, reinaba el calor quemante, que al mediodía hacía parecer que se estaba en el mismísimo infierno.

Nadie sabe cuánto se sufre y se agoniza en medio del calor y cómo las penas y las carencias se funden, en ocasiones, a las camisas que la gente viste, pues, al igual que ellas, se encuentran tan resecas como la piel de una cabra muerta en la llanura. Repiten en esa zona una frase que cada vez entiendo mejor: «Este valle de lágrimas... estás tierras dejadas de la mano de Dios».

Unos cuantos muertos produjo el paso de los distintos ejércitos por aquel caserío y entonces los hombres y las mujeres, hastiados de una realidad que no hacía más que maltratarlos, creyeron que la única solución era llegar hasta la capital para hablar con el señor presidente, con el señor ministro, con cualquier señor, en suma, que estuviese en capacidad de echarles una mano y enderezarles la ruta.

Todas estas cosas las cuento de oídas, porque, como ya lo dije, yo era un bebé y todavía debían cargarme por el camino seco y solitario.

Hubo algunas reuniones muy tensas con los directorios de los partidos políticos cuando la situación se tornó difícil. Los que mandaban en ellos decían, dientes para afuera, apoyar las quejas y entender las vicisitudes, pero cuando la cuestión se iba cristalizando, se perdieron en el horizonte y dejaron a los implicados con su fardo de líos. La marcha tuvo que ser conducida y respaldada por hombres muy simples que, como suele ocurrir, tenían espíritus finos, corazones sigilosos y nervios templados como las cuerdas de una guitarra.

Un lunes de lluvias y agobiante calor tuvo lugar el principio de la peregrinación. Yo estaba en mi cuna, de donde me sacó mi padre. Ese recuerdo, aunque parezca inverosímil, quedó grabado por siempre en mi memoria. Se equivocan de cabo a rabo los que afirman que los niños olvidan las cosas. Ningún hecho capital acaecido en el inicio de nuestras existencias es olvidado y, por el contrario, todos tienen una importancia casi indescriptible y son, ni más ni menos, el barniz de nuestra psicología y nuestra identidad.

Contaré los hechos tal y como los recuerdo, es decir, tal y como fueron capturados por los ojos y el alma de un pequeño que tan siquiera se había echado a andar. Años después de ocurridos los sucesos de esta historia, conversando con mis padres y con algunos otros que estuvieron en aquella travesía, he comprobado que recuerdo los pormenores mejor que quienes ya eran hombres y mujeres hechos y derechos. Seguramente, creo, en la primera infancia aún no nos tiraniza la costumbre, el hábito y la civilidad que transforman nuestras almas en débiles receptáculos incapaces de sentir la esencia de cuanto la rodea.

Los perros ladraban a la salida, coro que parecía ser una advertencia y una premonición, y siguieron la caravana hasta que se perdieron de vista. Yo creo que, de no estar tan habituados a su tierra, nos habrían acompañado hasta la meta. Ninguno de ellos ha desaparecido de mis visiones nocturnas.

Caminábamos en filas, al principio raudos y vigorosos: los niños, animados por las primicias y novedades del camino, que pasaba de los tonos rojizos, amarillos o intensamente verdes a los grises, morados y arenosos; y los mayores, activados por la esperanza de llegar a la gran ciudad y poder ver al señor presidente o, tal vez, a alguno de sus ministros.

Esa primera fuerza, casi arrolladora, se fue transformando y, algunos días después de la partida, ya todos resultábamos similares a una congregación de espectros, almas en pena en pos de encontrar la buena vida. En la carretera, los paisanos se nos quedaban observando, como los que miran pasar a un circo o a los personajes de una feria.

Aunque nacido en medio de la escasez, desconocíamos la sensación del hambre, y fue ella la que nos anunció que algo no andaba bien y que las cosas habían dado un vuelco nada satisfactorio.

Esa sensación me llegó un atardecer, mientras cruzábamos una gran sabana bajo una temperatura enloquecedora. Quien no la ha sentido cree que el hambre es una sensación física y que no tiene repercusiones en el pensamiento y el sentir de la gente, pero, se equivoca por completo: el hambre, una vez arriba y no se satisface, se traslada hasta el mismísimo corazón y esparce una sensación oscura y fúnebre, un desasosiego innombrable... ¡una amargura, sí, una sorda melancolía!

Los llantos por hambruna son hondos, y siempre son los niños los que los profieren, primero uno, luego dos y, finalmente, todos los que se encuentran en el lugar. Así ocurrió justo en aquella marcha, y desde que se inició el gran coro de angustia infantil, ya no se detuvo. Agudos, punzantes, como la sirena de una ambulancia o una gran alarma, enervaban a los adultos y no faltó el que probara acallar a sus niños con la severidad de la correa. Pero esa fórmula no hacía sino empeorar las vainas.

Aunque a la salida de nuestra tierra los hombres, y sobre todo las mujeres, se aprovisionaron de víveres y de ropas, pronto se esfumaron. Los medicamentos fueron los más rápidos en extinguirse y, como suele suceder de manera por demás curiosa, una vez no quedaba una cucharada de jarabe o tan siquiera una aspirina, los dolores y malestares se presentaron en muchos. Recuerdo haber visto a una mujer con un ganglio inflamado que se hinchaba con crueldad y empezaba a abultarle el cuello, a unos niños en manos de las fiebres y diarreas, y a un hombre que daba gritos por un dolor de muela. En el gesto de los caminantes, antes lleno de tibia ilusión, comenzó a reflejarse la rabia, el desamparo y la falta de fuerzas.

A pocas horas, creo yo, de haber iniciado el camino para hacerse oír del presidente, o tal vez de algún ministro, el grupo comenzó a volverse conflictivo, montaraz y cerrero. Los hombres se peleaban de forma cada vez menos disimulada la capitanía del grupo, considerándose, varios de ellos, los timoneles capaces de sacar adelante la procesión.

Los niños ya casi no mirábamos el camino ni seguíamos asombrados la línea del horizonte, cuando se apareció la fuerza pública, con la resolución absoluta de obligarnos a regresar a nuestro sitio de origen. Casi nadie, pese a los embates recibidos, estaba dispuesto a dar marcha atrás. Esa protesta no era el resultado de un accidente o de algún hecho aislado, sino el desenlace natural a muchos años, décadas, tal vez siglos, de subyugación, de señores feudales y oligarcas de la tierra, y de abusos de toda índole. Mis padres, y con ellos los otros caminantes, lo único que hacían era reaccionar luego de una eternidad de promesas que nunca se cumplían. Mi madre aseguraba haber visto morir a los abuelos casi en la ruina después de laborar completos sus días y hasta parte de sus noches.

La fuerza pública llegó para ponerle punto final a la marcha, con el lenguaje de la persuasión, de ser posible, o con el de la fuerza, de encontrarse con una negativa. En mi memoria están impresas las figuras de esos individuos arrogantes y temibles, y hasta las manos nerviosas que apretaban armas, escudos y bolillos.

El diálogo no surtió efecto y, como estaba escrito, pronto estalló la escaramuza. Los soldados ejercieron su poder con bríos y atacaron sin miedo ni mesura a quien encontraban en su camino; no sirvió la valentía que los dominaba por dentro, todos fueron golpeados sin tregua. Las mujeres corrieron a protegernos a los niños. Como pequeños críos, vimos entonces cómo nuestros progenitores caían al suelo, se quejaban ante la tremolina y eran víctimas de una paliza que se pretendía ejemplar. Algunos de los niños, ante el embate de la violencia, lloraban; otros, compungidos, daban gritos; y los menos, expresaban su terror vomitando o sencillamente quedándose petrificados cual estatuas.

El resultado de la batalla desigual fue la disolución de la marcha y el presidio de gran parte de quienes estaban en la procesión en calidad de organizadores y líderes, entre ellos, mi padre, que, aunque no era precisamente un líder, tenía buena verba y cierta capacidad de influjo.

Los hombres detenidos fueron siete. Alguno reaccionó con palabras inflamadas y contestatarias, hubo el que no pudo disimular su miedo, y mi padre sencillamente nos miraba, con ojos brillantes.

De lágrimas y polvo

No recuerdo en qué momento comenzaron a salir los fantasmas. Después de la reyerta con el Ejército, y sin que se nos dijera absolutamente nada de la suerte que correrían los capturados, un líder, de apellido Fajardo, tomó las riendas del asunto y, de milagro, logró que nos dejaran proseguir.

Agotados, la emprendimos de nuevo hacia Bogotá. Para entonces, eran muchos los enfermos, los indispuestos y, sobre todo, los ardidos en fiebre. La enfermedad contagia la atmósfera y sus partículas vuelan por el aire y la colman de enrarecido miedo. Ella fue descrita alguna vez como un espíritu, maligno y burlón, que juega con los hombres en pos de su rendición absoluta. Quienes estuvimos en aquella marcha estamos seguros de la veracidad de estas creencias.

Una noche, a eso de las once o doce, divisé entre las tinieblas unos hombres muy raros, de ojos intensos y piel blanquísima, que seguían la procesión a la orilla de la carretera. Cuando los miraban, los niños estallaban en llanto estremecido y pavoroso. No resistían aquella imagen, cual si comprendieran que no era de este mundo. Solo, y por alguna razón, el niño que era yo los toleraba. Hoy, no me atrevería a decir que se trataba de fantasmagorías, pero lo cierto es que, después de tantos años, a mi razón no le llega una explicación más tolerable.

«Esta es una marcha con espantos», gritaban los hombres al unísono, y las mujeres coreaban que «es el mismo Patas y su tropa, que viene caminando con nosotros». Y los niños, llore que llore, rítmicamente, como si se tratara de un luctuoso coro.

Casi ninguno de los que participaba en la procesión había pisado en su vida la ciudad de Bogotá y los pocos que alguna vez lo habían hecho se ponían a narrarles a los otros como si contaran una gran película: que sus edificios eran tan altos que podían besar las nubes, que la gente en la calle era hosca y parecía siempre pensar en cosas importantes, que las tiendas eran gigantescas, que por las avenidas rodaban carros como del futuro, que nadie miraba hacia el cielo ni reparaba en un árbol o en una mariposa, que todos se apretujaban en los buses y chiflaban a los choferes si no se daban prisa.

Yo dormía al lado de Jaime, un niño que no se llamaba así. Este nombre se lo invento por respeto, por retrospectivo cariño y porque no me parece justo que en este relato aparezca como un NN. Dormía a su lado en un colchón. Era un muchacho de unos dieciséis años, con esa voz rara y graciosa que combina las tonalidades infantiles con las de los adultos y que son típicas de la adolescencia. De pronto —y repito que yo era apenas un niño que acababa de dejar los brazos de su madre—, noté que algo no andaba bien. Fue un pálpito que ahora me parece imposible de describir. No sé si fue una de sus manos, que rodó hacia mí y estaba más fría que el hielo y agarrotada como la de un paralítico, o el hecho de que, súbitamente, a ese cuerpo le recorriera el silencio.

El niño que era yo estalló en llanto, pero en principio nadie le prestó atención. Lloraban tanto todos los chicos, que los adultos ya ni reparaban en los significados de los gimoteos y las lágrimas. Tuve, pues, que hacer alharaca y sollozar sin pausa hasta que alguno de los hombres me prestó atención y, entonces, lívido, encontró que Jaime había muerto. Después de días de fiebres y vómitos, de quejarse y delirar entrecortadamente, había dejado el mundo en defensa propia.

No entendí bien los alaridos de las mujeres, el revuelo que se produjo desde que se comprobó el hecho, los rezos y plegarias que mujeres abnegadas empezaron a proferir al unísono; pero, en aquel instante, desde mi inconsciencia, intuí qué significa la desaparición de un hombre. También supe que aquello que nos estaba tocando en suerte era gravísimo, porque regresaron los reporteros de los periódicos, la radio y la televisión.

Jaime se nos fue temprano, pero vaya uno a saber cuántos años, con paciencia de siglos, le hubiese tocado pedalear sobre la Tierra. Lo suyo, desde entonces lo creo, no fue otra cosa que un escape, una providencial fuga. He pensado en él durante toda mi existencia y, curiosamente, lo siento como parte de mí, como un amigo. La imagen de su cuerpo envuelto en una sábana blanca me persigue algunas noches, como me persigue aquella marcha en la que desperté al mundo, porque mis padres así lo decidieron, o mejor, porque las condiciones económicas los arrastraron a ello.

El desenlace de la marcha fue, palabras más palabras menos, escenas más escenas menos, el que tienen todas las marchas en Colombia: sin sentido, como un sacrificio vano. Llegamos a la capital en una mañana clara y a todos, aunque advertidos por las narraciones de los viajeros, nos hurtó el aliento lo gigantesca, lo bella, lo temible, lo desmesurada e imponente que era.

Como ya lo he dicho, muchos nunca habían estado allí. De manera que todos —hombres y mujeres, viejos y niños— se asomaron por un rato al agradable balcón de un sueño. Los más arrojados, y aquellos cuya desesperanza en las planicies costeñas era mordicante y absoluta, tomaron la opción de quedarse definitivamente, romper calles, mendigar si resultara preciso, y buscar la puerta de la suerte, que hasta ese minuto les había sido negada. Algunos la encontraron y hallaron un rol en el pentagrama de la gran ciudad. De otros jamás volvió a saberse. La mayoría regresó más cansada y apaleada que antes. Otros, según se informó en su día, murieron en el intento de cambiar su destino.

Los hombres que fueron rudamente arrestados en la asonada por el Ejército volvieron de a poco a su tierra. Los habían golpeado en las mazmorras y pretendían sindicarlos de ser actores de grupos subversivos, y cosas por el estilo. Ellos, cuya única brújula y cuya mera intención era escapar de la hambruna y la más jodida realidad.

Nunca olvidé esa marcha. Crecí como pude, entre sobresaltos, escasa educación y malos puestos, pero, aun así, me creo afortunado. Fui a la escuela pública, mis padres hallaron la forma de darme el alimento diario y llegué hasta el segundo grado de bachillerato.

Pero la huella de esa marcha, con todo y espantos, quedó secretamente escondida en mi interior. A veces me encuentro con algunos que participaron en aquella procesión y que todavía viven. Casi todos muy viejos y muy inconformes. Hablan de aquello como de una vieja balada, de una historieta, incluso, de un mito.

Un buen día, en Cartagena, fui por invitación de un amigo a un centro cultural, porque se exponían las bellas imágenes que un viejo reportero de la prensa local tomó de manifestaciones y luchas populares. Allí, con habilidad y hermosura, estaban consignados mil y un episodios expresivos de nuestra epopeya más reciente.

Me puse a mirar las fotografías con gran ánimo y un interés evidente, recorrido por un caudal de emociones. De pronto, una de aquellas escenas me robó la atención de manera singular. La notaba familiar, remotamente propia. Era la foto de un niño de ojos asustados, que estaba en los brazos de su madre, acompañando un cuerpo envuelto en una sábana, en una carretera.

Tardé unos segundos en reconocer aquello, y, con lágrimas en los ojos, en reconocer al niño... ¡Ese niño era yo!

LAURA
GÓMEZ
ROJAS

El hecho de mantener una perspectiva internacional de la vida la ha motivado a estudiar en todos los continentes, manejar varios idiomas y ayudar a las empresas a prosperar en los mercados internacionales.

Estudió Relaciones Internacionales con énfasis en Política Internacional en la George Washington University, trabajó en Washington con organizaciones sin ánimo de lucro e hizo relaciones públicas para gobiernos latinoamericanos. Su experiencia la llevó a establecer relaciones sólidas con las partes interesadas y a descubrir su pasión por las asociaciones. El tiempo que permaneció en Estados Unidos le permitió ser consciente de la importancia de la multiculturalidad en los entornos empresariales.

Con el fin de lograr una mayor comprensión de las habilidades comerciales, en la actualidad cursa una doble maestría en Negocios Internacionales e Innovación Disruptiva en la Hult International Business School de Londres, que le permite pasar de las ONG a la creación de empresas y al desarrollo empresarial en un entorno en crecimiento.

Al terminar su maestría, se concentrará en combinar su experiencia internacional con su conocimiento empresarial en el sector de desarrollo empresarial con énfasis en América Latina.

Esta, su primera obra literaria, es el resultado de su interés por la problemática de la niñez desamparada en Colombia, un tema que la ha obsesionado desde muy pequeña.